W0060179

Peter Scholl-Latour

Das Schwert des Islam

Revolution im Namen Allahs

WILHELM HEYNE VERLAG
MÜNCHEN

HEYNE SACHBUCH
Nr. 19/226

BILDNACHWEIS

AP Associated Press: 32, 37 m, 58 (3. v. o.) 58 u, 59, 105, 125, 131, 142 o, 143 o;
Bildarchiv Preußischer Kulturbesitz: 25, 35, 42, 42, 51, 79, 81, 167, 171; dpa: 28,
107, 188, 202 l, 207, 218; Focus: 45, 49, 69 r, 72, 74, 95 u, 190, 216; Gamma: 8, 13,
16 u, 14/15, 23, 24, 30, 33, 36 m, 36 u, 37 o, 37 u, 39 or, 39 l, 39 r, 40/41, 58 o, 58
(2. v. o.), 59 u, 62, 63, 64 l, 65, 66, 73, 76, 96 l, 99, 102/103, 108, 114, 115, 116 o,
116 u, 123, 124 o, 124 u, 129, 130, 136, 138, 139, 142, 143 u, 148, 152, 158, 161, 165,
166, 168/169, 177, 179, 180, 182/183, 194, 202 r, 205, 206; Keystone: 11 u, 38, 55,
109 u, 111, 120, 127, 148 u; Lidl, Dieter: 88/89; Sipa Press: 6, 9, 11 o, 12 o, 16 o,
17, 19 l, 19 r, 21, 36 u, 39 ol, 59 (3. v. o.), 59 (2. v. o.), 83, 87, 95 o, 96 r, 104,
109 o, 137 u, 154, 155, 157, 159, 163, 172 l, 172 r, 173, 175 o, 175 u, 185, 208, 212;
Stern: 27, 34, 60/61, 90, 110, 112, 113, 141, 150 u, 200/201, 204; Sygma: 12 o,
53 o, 53 u, 56, 64 r, 67, 69 l, 86, 93, 94, 97, 100, 118, 122 o, 122 u, 126, 132 r, 133,
146/147, 192, 195, 196, 197, 199, 203, 209, 210, 211, 214/215; Ullstein Bilder-
dienst: 84, 85, 149

2 . Auflage

Taschenbuchausgabe im Wilhelm Heyne Verlag GmbH & Co. KG, München
Copyright © 1990 by Wilhelm Heyne Verlag GmbH & Co. KG, München
Printed in Germany 1995
Umschlagfoto: Bildagentur Mauritius/Haidar, Mittenwald und action-press, Hamburg
Umschlaggestaltung: Atelier Adolf Bachmann, Reischach
Herstellung: H + G Lidl, München
Karten: Horst W. Auricht, Stuttgart
Satz: Fotosatz Völkl, Puchheim
Druck und Verarbeitung: RMO, München

ISBN 3-453-06013-X

Inhalt

Die Raketen von Babylon

Im Sommer 1990 ist die Weltpolitik von Grund auf verändert worden. Alte Gewißheiten sind zerbröckelt. Neue bedrohliche Perspektiven zeichnen sich ab. Hatten die Europäer noch im Juli gejubelt über die Auflösung des Ost-West-Konflikts, die sich anbahnende Wiedervereinigung ihres Kontinents und die Beendigung der deutschen Teilung, so wurde dieser neue Optimismus brüsk gedämpft durch die Entstehung des Krisenherds im Nahen Osten, ausgelöst durch die gewaltsame Eingliederung Kuweits in die Arabische Republik Irak.

Im Orient bahnt sich eine völlige Umstrukturierung der bestehenden, oft künstlich aufrechterhaltenen Machtstrukturen an. Dabei ist nicht auszuschließen, daß am Ende von Aufruhr und Tumult ein weit um sich greifendes Chaos steht, die sogenannte Libanisierung dieses Bereichs der arabischen Welt, den die Orientalen den Maschreq nennen. Als die Berliner Mauer fiel und die Europäer in Ost und West zusammenfanden, dachte niemand mehr an den Islam. Die warnenden Stimmen, die an die permanente, gewissermaßen eingefleischte Unruhe in dieser Weltzone erinnerten, wurden überhört. Die Araber – das glaubte doch jeder zu wissen – waren heillos zerstritten und zu jeder eigenen, von den Supermächten nicht abgesegneten Initiative unfähig. Was die islamische Revolution betraf, die jahrelang Schlagzeilen gemacht hatte, so schrumpfte sie in den Augen der Ahnungslosen zur Schreckensvision einiger berufsmäßiger Schwarzmaler.

Ein völlig neues idyllisches und irenisches Weltbild war im Entstehen. Europa, das daranging, im Jahre 1992 seine wirtschaftlichen Binnenmärkte zu arrondieren, wuchs zur wirtschaftlichen Großmacht von Weltformat heran. Nach der Verbrüderung zwischen den Präsidenten Ronald Reagan und Michail Gorbatschow, gefolgt von den globalen Absprachen zwischen George Bush und Michail Gorbatschow, brauchte vor dem Ost-West-Konflikt niemandem mehr bange zu sein. Der massiven Abrüstung in Ost und West schien nach dem Ende des Kalten Krieges nichts mehr im Wege zu stehen. Wozu brauchte Europa noch Armeen, wo doch

Linke Seite: *Der irakische Diktator Saddam Hussein beansprucht die Führung der arabischen Nation und stilisiert sich zugleich zum Helden, zum »Batal« des islamischen Heiligen Krieges.*

Am 2. August 1990 marschiert die irakische Armee in Kuweit ein (Fotomontage).

seine ökonomische Potenz in einer friedlichen Welt tonangebend und beherrschend war? Gerade aus der Perspektive der Deutschen, die – dank der Wiedervereinigung – in eine hegemoniale Stellung im Herzen des Kontinents hineinbefördert worden waren, mußten die finanziellen Schwierigkeiten, das heillose Haushaltsdefizit der USA als Zeichen des Abstiegs gewertet werden. Mit Washington würde man schon bald, so glaubten manche, von gleich zu gleich sprechen können.

Was die Sowjetunion betraf, so trudelte sie in innere Zwistigkeiten, ja in eine zunehmende staatliche Auflösung hinab. Von einer weltrevolutionären Rolle des Kreml war längst nicht mehr die Rede. Die Russen schienen auf das Wohlwollen, auf die industrielle Hilfestellung des Abendlandes angewiesen zu sein.

Diese schöne Vision ist jäh verblaßt, als der Diktator des Irak, Saddam Hussein, im Handstreich das Scheichtum Kuweit eroberte und damit die dortige gewaltige Erdölproduktion in Besitz nahm. In Mesopotamien, an den Flüssen Tigris und Euphrat, wo im fernen Altertum die Reiche der Assyrer und Babylonier bestanden hatten, war ein Unruhefaktor erster Ordnung entstanden. Plötzlich erschien der gesamte arabische Orient als ein ebenso unberechenbarer Brandherd, wie das vor dem Ersten Weltkrieg der in sich zerrissene Balkan gewesen war.

Mit einer Million Soldaten verfügt Saddam Hussein über ein gewaltiges militärisches Aufgebot, seine Panzerstreitkräfte sind zahlenmäßig dem Potential von Deutschen, Franzosen und Briten gemeinsam überlegen. Diese Kriegsmaschine – mit unzähligen Artillerie-Batterien ausgestattet – war nicht von ungefähr entstanden. Jetzt, im Jahre 1990, mit großer Verspätung, erkannte der Westen – aber auch die Sowjetunion –, daß man gemeinsam dazu beigetragen hatte, sich durch gigantische Rüstungslieferungen in der Person von Hussein eine Art »Frankenstein« zu schaffen. Diese Metapher stammt aus dem benachbarten Iran, das 1980 bereits das Opfer einer charakteristischen Aggression des Machthabers von Bagdad geworden war. Saddam Hussein hatte damals geglaubt – aufgrund der durch die islamische Revolution Khomeinis ausgelö-

Saddam Hussein verfügt über das größte Militärpotential in der Golfregion.

sten Wirren im Iran –, sich der persischen Provinz Khusistan und der dortigen Petroleumvorkommen bemächtigen zu können. Die Offensive seiner Panzerdivisionen war an der Opferbereitschaft und dem fanatischen Kriegseinsatz der iranischen Revolutionswächter und der kindlichen Todesfreiwilligen, der »Bassidschi«, gescheitert. Als jedoch der Iran unter Weisung des Ayatollah Khomeini, der die Funktion des obersten Feldherrn ausübte, zum Gegenangriff antrat, war ein Gefühl des Entsetzens in sämtlichen Hauptstädten der westlichen Welt laut geworden. Ein Sieg der Iraner und insbesondere der schiitischen Revolution Khomeinis über das Regime von Bagdad hätte vermutlich den Durchbruch der kämpferischen islamischen Erneuerungsbewegung bis zum Mittelmeer ausgelöst, wobei im Libanon die schiitischen Hizbollahi schon bereitstanden, die Fackel des Aufruhrs hell auflodern zu lassen. Nach dem Zusammenbruch des Irak wären vermutlich auch all jene konservativen Dynastien in ihrer Existenz bedroht gewesen – Saudi-Arabien, die Golf-Emirate, Bahrein, Quatar und natürlich das Scheichtum Kuweit –, die bei aller zur Schau getragenen koranischen Frömmigkeit mit dem Westen kooperierten, die amerikanische Vorherrschaft über die Araber duldeten und gegen den Staat Israel nur verbale Angriffe übernahmen.

Auch die Kreml-Führung blickte mit bangen Ahnungen auf den Versuch Khomeinis, seinen islamischen Gottesstaat in alle Richtungen des Horizonts auszuweiten. Moskau hatte seit Beginn des Afghanistan-Krieges schmerzlich erfahren müssen, was es heißt, sich mit hochmotivierten muslimischen Mudschahedin, mit den Kämpfern des Heiligen Krieges, anzulegen. In den kaukasischen und zentralasiatischen Teilrepubliken des Sowjetimperiums wurde sich die KPdSU bewußt, daß sie hier ein letztes zaristisches Kolonialvermächtnis verwaltete und daß die Idee der islamischen Erneuerung auch bei fünfzig Millionen Muselmanen in der Sowjetunion auf fruchtbaren Boden fallen konnte.

In dem achtjährigen Golfkrieg zwischen Iran und Irak haben fast alle wichtigen Partner der internationalen Gemeinschaft hinter der Regierung von Bagdad gestanden. Es scherte sie wenig, daß in Mesopotamien ein blutiges System des Terrors und der Willkür herrschte, das in seinem Zynismus die Greuel der iranischen Revolution weit übertraf.

Wenn heute Saddam Hussein mit dem Bann der zivilisierten Welt belegt wird, sollte jeder bedenken, daß er während des achtjährigen Krieges gegen den Iran von allen Seiten aufgerüstet worden war. Moskau hatte mit Bagdad seit langem einen Freundschaftsvertrag geschlossen und den Irak mit allem erdenklichen

An der Opferbereitschaft der iranischen Todesfreiwilligen scheiterten die irakischen Panzeroffensiven während des acht Jahre andauernden Golf-krieges.

Der geistliche Führer des Iran, Ayatollah Khomeini, war auch der oberste Feldherr.

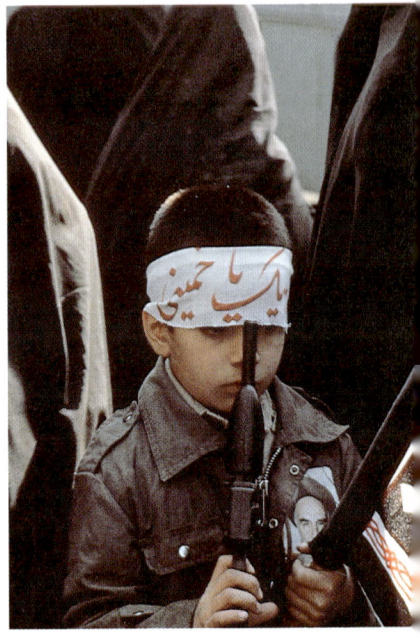

schweren Kriegsmaterial ausgestattet. Die perfektionierte Technik – insbesondere hochtechnisierte Kampfflugzeuge, Luftabwehrbatterien und jene Exocet-Raketen, die sich im Seekrieg bewährt haben – wurde von Frankreich geliefert. Sämtliche französische Parteien hießen diesen massiven Beistand gut, weil sie – durch die Nachbarschaft des nordafrikanischen Maghreb fasziniert – ein Überspringen des islamischen Fundamentalismus auf Algerien verhindern wollten. Die USA hatten ohnehin mit dem Iran der Mullahs eine alte Rechnung zu begleichen, seit nach dem Sturz des Schahs amerikanische Botschaftsangehörige in Teheran als Geiseln festgehalten worden waren. In der letzten Phase des Golfkrieges nahm die US-Navy die wichtigsten Erdölanlagen, auch die Förderinseln des Iran im Persischen Golf, unter schweren Beschuß und vernichtete sie. Gleichzeitig wurden die kuweitischen Petroleum- und Handelsschiffe, um vor iranischen Übergriffen geschützt zu sein, unter den Schutz der US-Flagge gestellt. Diese Transporte trugen stark dazu bei, dem Regime Saddam Husseins das Überleben zu ermöglichen. Im Rückblick drängt sich natürlich die Ironie dieser Situation auf.

Links außen: *Die irakische Bevölkerung und die Palästinenser jubeln Saddam Hussein zu.*

Links: *»Bassidsch«, eines der unzähligen iranischen Kinder, die im Golfkrieg starben.*

Rechts: *Eine iranische Karikatur prangert die Waffenlieferungen an, die der Irak während des Golfkrieges aus aller Welt erhielt.*

Folgende Doppelseite: *Die beiden Kontrahenten im Golfkonflikt: Saddam Hussein und George Bush (Fotomontage).*

Eine Anzahl gewissenloser Unternehmer der bundesdeutschen chemischen Industrie scheuten sogar nicht davor zurück, unterirdische Anlagen für Giftgas, insbesondere in der Nähe der Stadt Samara, zu errichten und somit Saddam Hussein mit seiner Entscheidungswaffe auszustatten. Wenn es den iranischen »Pasdaran«, den Revolutionswächtern, nicht gelang, die Stellungen der Iraker in den Sümpfen des Schatt-el-Arab zu durchbrechen, so war das vorwiegend auf den Einsatz von chemischen Kampfstoffen zurückzuführen, einer Waffe also, die international geächtet und nicht einmal im Zweiten Weltkrieg verwendet worden war.

Die Staaten des Westens und des Ostens haben diese aktuelle Krisensituation selbst zu verantworten. Seit die Konfrontation zwischen Amerikanern und Russen zu Grabe getragen wurde, sind allerdings völlig neue internationale Beziehungen entstanden. Die fünf ständigen Mitglieder des Sicherheitsrates der Vereinten Nationen, deren Entscheidungen bislang durch ein sowjetisches oder chinesisches Veto meist blockiert wurden, fanden zusammen, um die flagrante Völkerrechtsverletzung des Irak – die Annexion des unabhängigen Scheichtums Kuweit, das ja selbst Mitglied der Ver-

In den letzten Monaten des Golfkrieges wurden kuweitische Petroleum-schiffe unter den Schutz der US-Marine gestellt, um vor iranischen Über-griffen geschützt zu sein.

Mit dem Einmarsch der irakischen Armee in der iranischen Provinz Khusi-stan begann im September 1980 der Golfkrieg. Mehr als eine Million Men-schen starben in diesem Krieg. Die genaue Anzahl kennt niemand.

einten Nationen ist – rückhaltlos zu verdammen. Saddam Hussein konnte also nicht mehr auf die Rivalität zwischen den beiden Supermächten spekulieren und sie gegeneinander ausspielen, wie das die Potentaten der Dritten Welt bisher so erfolgreich praktiziert hatten.

Saddam Hussein mußte eine andere schmerzliche Entdeckung machen. Auf der Gegenseite trat ihm in der Person George Bushs eine Persönlichkeit entgegen, die aus hartem Holz geschnitzt ist.

Amerikanische Militärpräsenz im Ausland: 400 000 Soldaten schickte Präsident George Bush für die »Operation Wüstenschild« in die Golfregion.

Der derzeitige US-Präsident hatte bereits in Panama – bei der Beseitigung des Präsidenten Noriega – bewiesen, daß sein Wille zur Intervention ausgeprägter ist als der seines Vorgängers, des ehemaligen »Falken« Ronald Reagan. Die Amerikaner holten zu einer schlagkräftigen Aktion aus, um zumindest ein Übergreifen des irakischen Expansionswillens auf das militärisch schwache Königreich Saudi-Arabien zu verhindern. Seit Vietnam hat keine solche Entfaltung amerikanischer Militärpräsenz im Ausland mehr stattgefunden. Die Welt mußte sich der Tatsache beugen, daß die USA weiterhin die Führungsmacht der westlichen Politik bleiben, die von den Europäern mit relativ bescheidenen Flankierungsmaßnahmen unterstützt wird. Gleichzeitig erwies sich, daß die Sowjetunion jedem Zusammenprall mit Washington aus dem Wege gehen würde und den Verlust ihrer einstmals führenden Rolle in der arabischen Welt allenfalls auf dem Wege über die Vereinten Nationen oder durch internationale Schlichtung zu überspielen versuchte. Beim Treffen von Helsinki Anfang September 1990 offenbarte sich der sowjetische Staatschef als Co-Pilot der amerikanischen Orient-Strategie.

Natürlich geht es um mehr als um die Wiederherstellung oder die Erhaltung der Souveränität Kuweits. Sämtliche Dynastien im ostarabischen Raum sind durch die Entwicklung am Schatt-el-Arab zutiefst erschüttert. In dem gesamten islamischen Gürtel, der sich von Marokko am Atlantik bis nach Pakistan am Indischen Ozean erstreckt, müssen die Regierenden – soweit sie mit dem Westen, und insbesondere Amerika, sympathisieren – um ihr Überleben bangen. Betroffen sind in erster Linie natürlich König Hussein von Jordanien, die Fürsten der Arabischen Emirate von Quatar und Bahrein sowie die Dynastie Al Saud, die sich zum Wächter der heiligen Stätten von Mekka und Medina proklamiert hat.

Mit sicherem Blick hat Saddam Hussein erkannt, daß Jordanien der schwache Punkt im feindseligen Einkreisungsring ist, der sich um den Irak schließt. Mindestens sechzig Prozent der dortigen Bevölkerung ist palästinensischen Ursprungs und bringt ihre Sympathie für die Sache Bagdads stürmisch zum Ausdruck. König Hussein von Jordanien muß einen schwierigen Balanceakt vollziehen. Seine Sympathien für den Westen sind bekannt. Aber mit Rücksicht auf seine aufsässigen Untertanen, insbesondere die palästinensische Mehrheit, die er schon einmal im sogenannten Schwarzen September des Jahres 1970 mit Hilfe seiner Beduinen blutig unterwerfen mußte, sieht er sich immer wieder zu Freundschaftsgesten gegenüber dem irakischen Diktator gezwungen.

Hussein von Jordanien erinnert sich sehr wohl an das Schicksal seines Großvaters Abdallah, der von einem palästinensischen Fanatiker in der Altstadt von Jerusalem ermordet wurde, als er 1951 erste offizielle Kontakte zu den zionistischen Behörden aufnahm. Im übrigen ist Jordanien wohl das künstlichste aller Gebilde, die die britische Mandatsmacht hinterlassen hat. Bekanntlich hatten die Briten während des Ersten Weltkriegs – inspiriert durch den legendären Agenten Lawrence of Arabia – ein Zweckbündnis mit den Beduinenstämmen des Hedschas geschlossen und mit Hilfe

Waffen statt Tschador. Irakische Frauen unterstützten ihre Männer.

»Unser Blut und unsere Seele für dich zu opfern, Saddam!«

dieser Wüstenkrieger die türkischen Verbindungslinien lahmgelegt. Lawrence hatte damals der hochangesehenen Sippe des Scherifen Hussein, die bis 1914 unter osmanischer Oberhoheit als Wächter der heiligen Stätten von Mekka galt, die Einheit aller Araber versprochen. Aber die Vereinbarungen, die zwischen Paris und London im Jahre 1916 im Rahmen des sogenannten Sykes-Picot-Abkommens beschlossen wurden, machten diese Zusagen zunichte. Feisal, der ältere Sohn des Scherifen Hussein, wurde durch die französische Levante-Armee aus Damaskus vertrieben. Er mußte mit dem künstlich fabrizierten Königreich Irak abgefunden werden. Ein anderer Sproß der Scherifen-Familie, die sich unmittelbar vom Propheten Mohammed ableitet, Abdallah, wurde mit einem Fetzen Wüste, dem speziell ins Leben gerufenen Emirat Transjordanien, auf dem Ostufer des Jordan abgefunden. Der Scherif Hussein selbst wurde vom Unheil ereilt und aus seiner angestammten Heimat des Hedschas vertrieben, als die fanatischen »Ikhuan«, die frommen Wahabitenkrieger des Fürsten Abd-el-

Asis Ibn Saud, bis zum Roten Meer vordrangen und das Königreich Saudi-Arabien gründeten.

Zwischen den Herrschaftshäusern der arabischen Teilstaaten hat sich blutige Erblast und bittere Feindschaft angestaut. Zwischen König Hussein und dem saudischen »Usurpator« König Fahd bestehen alte, unbeglichene Rechnungen. Die haschemitische Dynastie ist im Irak bereits 1958 erloschen, als der dortige König Feisal II., ein Onkel Husseins von Jordanien, anläßlich eines Militärputsches ermordet wurde. Hatte Großbritannien nach dem Zweiten Weltkrieg geglaubt, durch die Vertreibung der Franzosen aus Syrien und Libanon, durch eine konsequente proarabische Politik und vor allem dank der Gründung der Arabischen Liga, die in London eindeutig begünstigt wurde, dauerhaften Einfluß auf die Entwicklung im Nahen und Mittleren Osten zu gewinnen, so hatte man sich im Foreign Office gründlich getäuscht.

Während des endlosen Krieges gegen die islamischen Revolutionsheere Khomeinis hatte sich Saddam Hussein als Verteidiger des arabischen Nationalismus, einer säkularen und sozialistischen Regierungsform, gegen den Obskurantismus der Schiiten feiern lassen. Nachdem er ins Kreuzfeuer Washingtons und der übrigen Mächte geraten war, mußte sich der Diktator von Bagdad darauf besinnen, daß die tiefste Motivation der Massen, die er in seinem Sinne mobilisieren wollte, nicht im arabischen Nationalismus, sondern im islamischen Glaubenseifer zu finden war. In Bagdad herrschte weiterhin die Baath-Partei, die Partei der arabisch-sozialistischen Wiedergeburt, eine Bewegung, die auf Modernität und Abwendung vom islamischen Gottesstaat ursprünglich ausgerichtet war. Heute führt der Laizist und Baathist Saddam Hussein Parolen im Munde, die den einstigen Aufrufen des Ayatollah Khomeini auf erstaunliche Weise ähneln. Er hat zum Heiligen Krieg aufgerufen gegen Amerika, gegen den Staat Israel, der in Bagdad noch als »zionist entity« umschrieben wird, gegen alle islamischen Machthaber, die mit den USA paktieren.

Die Palästinensische Befreiungsfront Yassir Arafats hat aus einer klaren Logik gehandelt, als sie sich schon in der ersten Stunde des Konfliktes auf die Seite des Irak schlug. Saddam Hussein seinerseits, der neben einem brutalen Machtwillen auch über taktisches Geschick verfügt, hat angesichts der weltweiten Proteste gegen die Einverleibung Kuweits sehr schnell begriffen, daß er nur eine Überlebenschance haben würde, wenn er die öffentliche Meinung in der islamischen Umma in erster Linie gegen Israel in Wallung brachte. Dem »Bullen von Bagdad«, wie man ihn genannt hat, geht es nicht darum, eine Kompromißlösung in Palästina zu finden, die dem Judenstaat eine Existenz in den Grenzen von 1948 erlauben würde. Er geht aufs Ganze. Er hat mehrfach erklärt, daß er die Vernichtung Israels anstrebt und im äußersten Grenzfall auch seine giftgasgeladenen Raketen in diese Richtung abfeuern würde. Saddam Hussein sieht sich in der Nachfolge jenes babylonischen Herrschers Nebukadnezar, der im 6. Jahrhundert vor Christus über Mesopotamien herrschte, der Jerusalem und den Tempel eroberte und zerstörte und die hebräische Bevölkerung an die Ufer des Euphrat ins Exil verschleppte. Die israelische Regierung weiß, daß es in diesem Fall für sie um die nackte Existenz geht, und die biblischen Erinnerungen gehören seit der Rückkehr der Juden ins Gelobte Land gewissermaßen zur Tagespolitik.

Für den Aufbau einer gewaltigen amerikanischen Streitmacht am Persischen Golf werden zahlreiche Argumente ins Feld geführt, die weit über die Sicherung der Erdölbelieferung westlicher Industriestaaten und den Schutz der dortigen konservativen Dynastien hinausgehen. In Kuweit ist zum ersten Mal deutlich geworden, was düstere Propheten bisher nur ahnten, nämlich daß der

Seit Anfang der Golfkrise unterstützen die Palästinenser die Politik Saddam Husseins. Sie erhoffen sich von ihm eine Lösung ihrer Probleme.

21

Ost-West-Konflikt nach seiner Beendigung nahtlos überleiten würde in die Nord-Süd-Konfrontation. Washington ist sich mit Moskau einig, daß der Proliferation der Massenvernichtungswaffen in der sogenannten Dritten Welt möglichst bald und endgültig ein Riegel vorgeschoben werden muß. Der Diktator von Babylon hat bewiesen, daß er nicht davor zurückschreckt, die abscheulichen chemischen Kampfstoffe einzusetzen, um zu überleben. Er hat sogar zahlreiche eigene kurdische Landsleute im Nordosten mit dieser Schreckenswaffe ausgelöscht. Wenn ihm noch ein paar Jahre Herrschaft vergönnt wären, würde er zweifellos mit der Konstruktion von Atombomben über ein Abschreckungspotential verfügen, das ihn weitgehend unverwundbar macht. Dieser Entwicklung, die sich in vielen anderen Ländern Asiens und Afrikas wiederholen dürfte, soll jetzt radikal vorgebeugt werden.

Die Europäer stehen dabei etwas töricht da. Noch unlängst hatten sie – insbesondere die Deutschen – über die Abschaffung der Mittelstreckenraketen in Mitteleuropa frohlockt und das Morgenrot des universalen Weltfriedens zu erspähen geglaubt. Heute ist aller Welt offenkundig, daß die gleichen Trägerwaffen, die aus Europa entfernt wurden, sich im Nahen und Mittleren Orient, auch in Teilen Nordafrikas, ungewöhnlich vermehrt haben und sehr bald ihre drohende Ladung auf das Abendland richten könnten. Für eine europäische Strategie der Zukunft, falls sie diesen Namen verdient, wird die Überlegung, wie man solcher Apokalypse vorbeugen kann, absoluten Vorrang haben müssen.

Saddam Hussein ist als gewalttätiger Mensch bekannt, der sich den Weg an die Spitze des Staates buchstäblich freigeschossen hat. Doch diese blutrünstige Herrschernatur hat offenbar auch einen guten Instinkt für die Stimmungslage in der gesamten arabisch-islamischen Gemeinschaft. Er sucht die Habenichtse gegen die immens reichen Ölprotzen aufzuwiegeln. Er weiß um die demographische Explosion, die zur Zeit in den meisten islamischen Ländern, vor allem aber auch im Niltal, im Maghreb, ja in Anatolien stattfindet. Die Mehrheit der Bevölkerung dort setzt sich bereits aus Jugendlichen zusammen, deren Zukunftschancen minimal, deren Protestpotential jedoch unermeßlich ist. Jedes arabische Regime könnte eines Tages durch eine Art »Intifada«, durch einen Aufruhr der Halbwüchsigen, erschüttert werden, wie das in Algerien bereits vorexerziert wurde. Nachdem der Marxismus, der mit dem Islam ohnehin schlecht vereinbar war, für die jungen Araber und Muselmanen jeden Anschein von Attraktion verloren hat – die Auflösungserscheinungen der Sowjetunion werden hier sehr sorgfältig beobachtet –, suchte man nach neuen gesellschaftlichen

Im März 1988 setzte Saddam Hussein Giftgas gegen seine Landsleute ein.
Das kurdische Dorf Halabja und seine Bewohner wurden vernichtet.

Idealvorstellungen. In der geistigen Welt des Korans, wo die Politik ohnehin nie von der Religion zu trennen ist, suchen die jungen Muslime nach einem historischen Vorbild, nach einem verschwundenen goldenen Zeitalter der Frömmigkeit und der Harmonie. Sie

Links: *Nach seinem
Einmarsch in Kuweit
hat Saddam Hussein
dem Iran den Aus-
tausch von Kriegsge-
fangenen angeboten.*

Rechte Seite: *Muslime
und Christen im
Kampf um Jerusalem.
(Miniatur aus dem
13. Jahrhundert)*

stoßen dabei auf jene Lebensgemeinschaft, die der Prophet Mohammed einst in Medina gegründet hat und die weiterhin exemplarisch bleibt für die Gestaltung einer jeden muslimischen
Rechtsordnung.

Saddam Hussein ist um historische Analogien nicht verlegen.
Einerseits usurpiert er den Titel des Nachkommen des Imam Ali,
des Schwiegersohnes Mohammeds, des Gründers des schiitischen
Glaubenszweiges, obwohl Saddam selbst dem sunnitischen Milieu
entstammt. In seiner Anmaßung vergleicht sich der irakische Diktator andererseits auch mit dem mittelalterlichen Helden des Islam, Salah-ud-Din, der im Westen als Saladin bekannt ist. Dabei
kommt ihm zugute, daß er der gleichen Ortschaft entstammt, aus
der Saladin hervorgegangen ist, dem Städtchen Takrit, nördlich
von Bagdad. Saladin wurde von seinen Gegnern, den christlichen
Kreuzfahrern, als ritterliche Idealgestalt gefeiert, so großmütig
ging dieser Heerführer des Islam und Eroberer Jerusalems mit seinen Gegnern und Gefangenen um. Daß Saladin Kurde war, im Gegensatz zu dem Araber Saddam Hussein, wird nicht einmal am

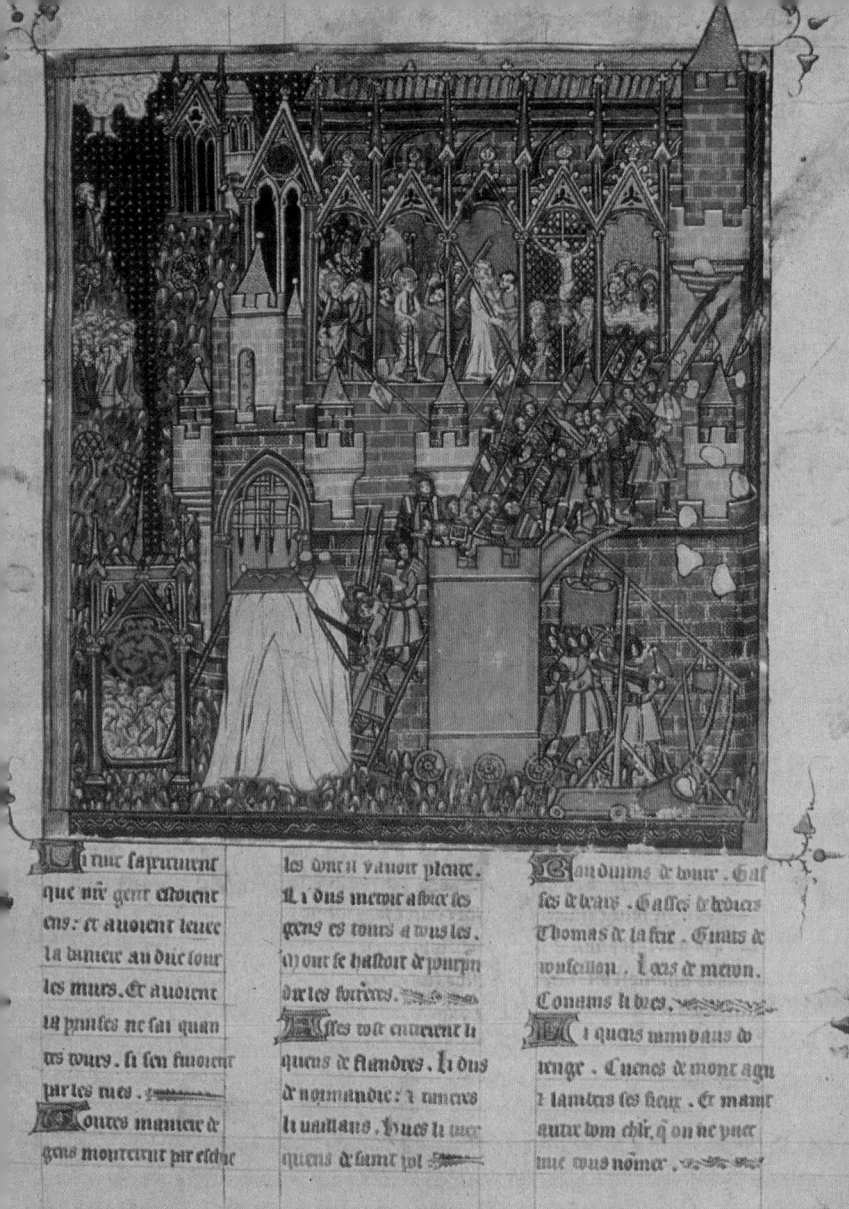

li tuic fapriurent | les onc il uanoir plenre. | Gauduins de wur . Gal
que nre gent cſtoient | Li dus mcuir aſtuir les | ſes de wais . Gaſſes li wdiers
eus : et auoient leuce | gens es wurs a wus les. | Thomas de la ſre . Guuts de
la bſniere au duc ſour | ſour ſe haſtoit de pourfin | wuſcalon . Loas de meuon.
les murs . Et auoient | dir les boturrs. | Conains li wes.
la puntes ne ſai quan | Iſtes woit enticrent li | Li quens mmbaus do
tes wurs . ſi ſen fuioient | quens de flandres . Li dus | ienge . Cuenes de mont agu
puitles rues . | de normandie : a tameus | a lamiers ſes fieus . Et mamt
Doutes mamiere de | li uaillans . Hues li mer | autir hom chlr . q̃ on ne puer
gens mouterent pir eſchac | quens de ſamt pol | mie tous nõmer .

Rande erwähnt. Diese Berufung auf Saladin, den übrigens Lessing in seinem Bühnenstück »Nathan der Weise« glorifiziert, deutet ganz einleuchtend auf die Stoßrichtung des irakischen Eroberers hin. Um seinen Kopf zu retten, hat er die Rückgewinnung Jerusalems für den Islam als oberstes Ziel seiner psychologischen Kriegsführung definiert.

Hier stoßen wir auf eine permanente Gegebenheit des Orients: ferne Geschichte vermischt stets mit der Gestaltung der Gegenwart und der Zukunft. Wenn selbst die Annexion Kuweits durch den Irak und die wahnwitzige Herausforderung der USA durch den Machthaber von Bagdad am Ende reduziert wird auf den Schicksalskampf zwischen Juden und Muslimen, zwischen Israeli und Arabern, so entspricht das einem uralten unerbittlichen Gesetz. Dieser Konflikt reicht in die Urzeit zurück bis zum Stammvater Abraham, den die Araber Ibrahim nennen. Was sich heute im Wettstreit um Palästina, »Filistin« auf arabisch, abspielt, ist die Fortsetzung eines semitischen Bruderzwistes, eines Erbstreites, der sich in der Nacht der Frühgeschichte verliert.

Vielleicht hat Saddam Hussein nicht geahnt, welche Kräfte er mit seinem Willkürakt geweckt hat. Bagdad hat eilfertig versucht, seinen Frieden mit den persischen und schiitischen Todfeinden zu machen. Ohne daß er es ahnte, verfolgte ihn die Rache Khomeinis bis über dessen Grab hinaus. Mögen sich Iraker und Iraner vordergründig arrangieren über den Grenzlauf am Schatt-el-Arab und in den Bergen Kurdistans, mag Bagdad all jene Kriegsziele aufgeben, für die während der acht Kriegsjahre rund eine Million Menschen in den Tod getrieben wurden, der uralte Antagonismus zwischen den semitischen Arabern Mesopotamiens und den arischen Persern des Iran dauert an. Für die Mullahs in Teheran ist das militärische Engagement der Amerikaner auf seiten der Saudis und gegen Saddam ein Gottesgeschenk. Die Iraner werden ihre Schiedsrichterrolle in diesem Konflikt zu nutzen wissen und sinnen auf Revanche gegen den amerikanischen Satan, aber auch gegen den Gottesfeind Saddam Hussein. Schließlich hat in Persien niemand vergessen, daß für Khomeini der Sturz Saddam Husseins das eigentliche Kriegsziel war, und sei es nur, um der schiitischen Bevölkerungsmehrheit Süd-Mesopotamiens zu einem auf Teheran ausgerichteten islamischen Gottesstaat zu verhelfen.

Die amerikanische Diplomatie hat bereits entdeckt, daß eine Stabilisierung des Nahen Ostens ohne Mitwirkung der traditionellen Mächte dieses Raumes, der Türken und der Perser, nicht möglich sein wird. Die Araber hingegen scheinen erkannt zu haben, daß innerhalb der immensen muslimischen Gemeinschaft von

Nach der Vertreibung der Omayaden-Dynastie aus Syrien um 750 verlegten die Kalifen der Abbassiden-Dynastie ihre Hauptstadt von Damaskus nach Bagdad.

knapp einer Milliarde Menschen innerhalb der »Umma-el-Isla-miya« die arabische Nation, die »Umma-el-Arabiya«, mit knapp zweihundert Millionen Menschen eine relativ bescheidene Rolle spielt. Immerhin ist der heutige Irak – bevor die Briten dort ihr kurzfristiges Mandat zwischen den beiden Weltkriegen errichteten – vier Jahrhunderte lang der türkisch-osmanischen Herrschaft unterworfen gewesen. Auf der Höhe des islamischen Mittelalters, als die Abbassiden-Kalifen in Bagdad ihre prächtige Herrschaft errichtet hatten, unterlagen sie dem kulturellen Einfluß der Perser und stützten sich auf türkische Söldnergarnisonen.

Es könnte also sein, daß am Ende dieses Zusammenpralls ein Erstarken jener muselmanischen Nationen steht, die durch die Phraseologie des arabischen Nationalismus vorübergehend in den Hintergrund gedrängt wurden. Jedenfalls haben viele Politiker in Ägypten, Arabien und Algerien bereits erkannt, daß nicht der Arabismus für sie einen Ausweg bietet, sondern die Rückwendung

Palästinensische Protestkundgebungen in Jordanien gegen die »ungläubigen« US-Soldaten in Saudi-Arabien, dem Land der heiligen Stätten.

zum islamischen Gottesstaat. Die Sehnsucht nach einem Kalifen als Statthalter Allahs auf Erden lebt auf den Trümmern des Nationalismus, der ja nur ein Import aus dem Okzident war, wieder auf.

Man hüte sich jedoch vor vereinfachter Dramatisierung. Diese arabische und diese islamische Welt bildet keine organische Einheit. Sie wird auch in Zukunft in sich zerrissen sein. Es herrscht jedoch innerhalb dieser »Umma«, die von Senegal in West-Afrika bis zu den Süd-Philippinen reicht, eine Gemeinschaft des Lebensgefühls, der gesellschaftlichen Grundstrukturen, die bereits der große mittelalterliche Reisende Ibn Batuta mit Genugtuung registrierte, als er von den Wolga-Tataren und den schwarzen Maliern von Timbuktu, von den Andalusiern und den Turkestanern berichtete.

Es ist durchaus vorstellbar, daß das kleine Scheichtum Kuweit in die Historie eingeht. Hier wurde zum erstenmal das Fanal gesetzt für die sich abzeichnende Nord-Süd-Konfrontation. Bei dieser Kraftprobe liegt zweifellos das Schwergewicht im Norden, bei jenen Staaten, die sich ebenfalls weltumspannend in der »Konferenz für Sicherheit und Zusammenarbeit in Europa« (KSZE) zusammengeschlossen haben, die sowohl die USA und Kanada und die europäische Staatenwelt als auch die euro-asiatische Landmasse der Sowjetunion umfaßt. Doch aus dem Süden kommt der demographische Druck, die verzweifelte Ballung von Not, Hunger und politischer Frustration.

Bisher hat das Abendland es nicht vermocht, die Ereignisse des Morgenlandes mit anderen als westlichen Augen zu sehen. Mag sein, daß eines Tages auch die Welle dessen, was wir den »islamischen Fundamentalismus« nennen und die im Grunde nur streng praktizierter koranischer Glaube ist, wieder abflaut und neuen Richtungskämpfen Raum gibt. Zur Stunde ist jedoch die Politik in dieser Region nicht zu trennen von der Theologie. Ob der rationale Westen dies anerkennt oder nicht, mächtige Mythen erheben wieder ihr Haupt. Der Herausforderung der islamischen Revolution wird der Okzident nicht mit Permissivität begegnen können.

Das 21. Jahrhundert wird ein religiöses Jahrhundert sein, hatte der französische Schriftsteller André Malraux verkündet.

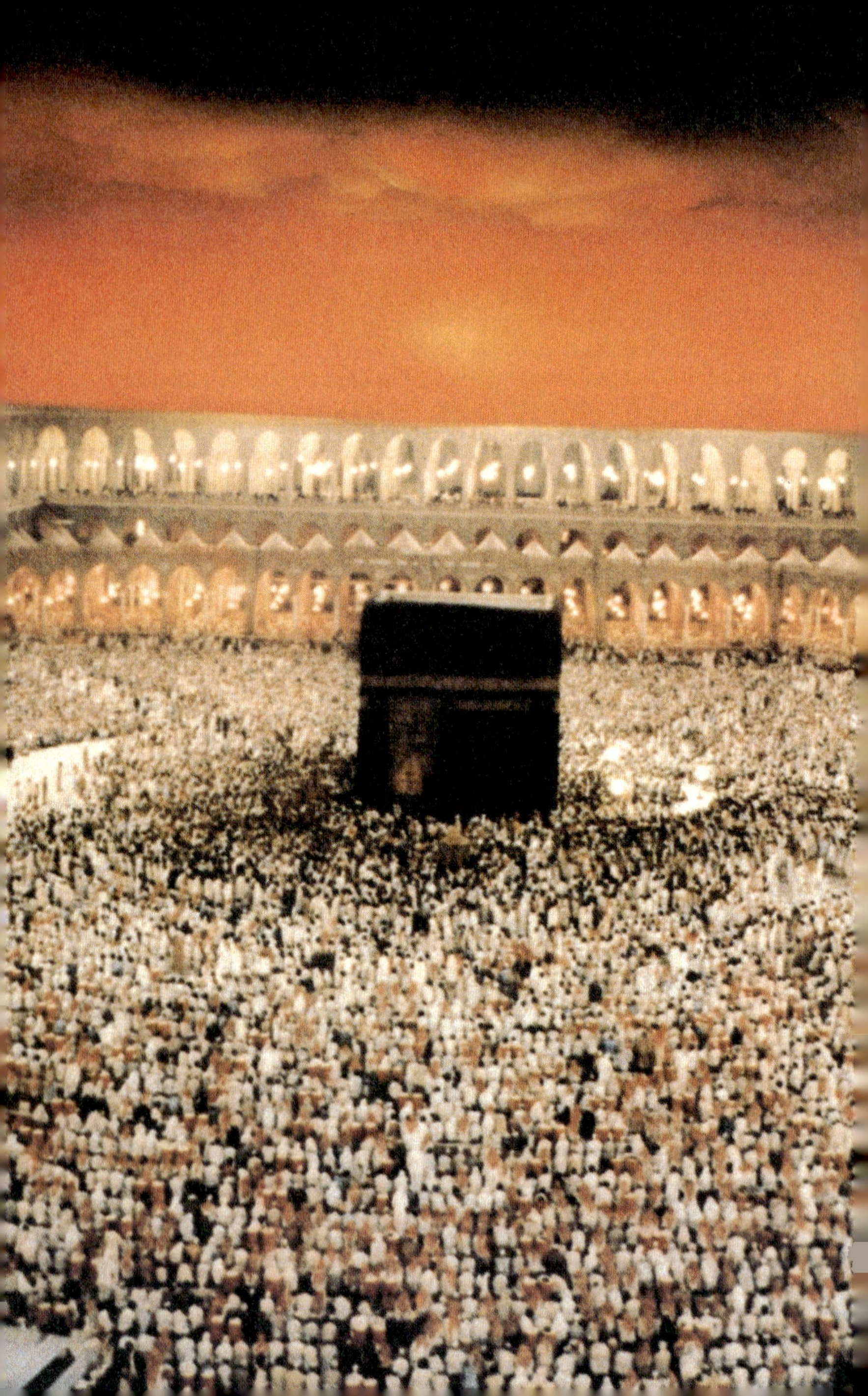

TEIL I

Der lange Weg nach Jerusalem

Am 3. Juni 1989 starb der Ayatollah Ruhollah Khomeini, und die westliche Welt atmete auf. In Teheran war eine trauernde Menschenmasse – ein oder zwei Millionen, wer konnte sie zählen? – auf die Straße gegangen und stellte ihre Trauer in kollektiver Hysterie zur Schau. Aber die Gefahr einer grenzüberschreitenden islamischen Revolution schien nunmehr gebannt. Der schiitische Gottesstaat Khomeinis hatte sein hochgestecktes Ziel im Golfkrieg – den Sieg über den Irak, die Freikämpfung des Weges nach Jerusalem – nicht erreicht. Mit dem Tod des Imam Khomeini war ein Alptraum verschwunden.

Wer erinnert sich noch der letzten Bilder des alten kranken Mannes, der den sowjetischen Außenminister Schewardnadse empfing? Damals hätte die Welt aufhorchen sollen. Die Botschaft Khomeinis an Michail Gorbatschow lautete: Der Kommunismus der Moskowiter sei geistig und materiell gescheitert, und nun wäre es doch an der Zeit, daß die Sowjetunion ihr Heil im Islam suche. Eine nur realistisch anmutende Aufforderung der Bekehrung zu Allah.

Niemand ahnte im Sommer 1989, daß die große Bewegung des koranischen Bekennertums binnen kürzester Frist auf die schiitischen Muselmanen des südlichen Kaukasus übergreifen würde. Auf geradezu mystisch anmutende Weise fiel das Begräbnis Khomeinis mit dem Aufflackern der nationalistischen und religiösen Volkserhebung in der Sowjetrepublik Aserbeidschan zusammen. Der Ansturm der iranischen Revolutionsheere gegen Bagdad war in den Sümpfen des Schatt-el-Arab liegengeblieben. Doch jetzt sprang das heilige Feuer nach Norden über. Der islamische Eifer entzündete sich jenseits des Flusses Arax, der die Grenze zwischen der iranischen Provinz Aserbeidschan und der kaukasischen Sowjetrepublik gleichen Namens bildet. Plötzlich ertönte in den Südregionen des Moskauer Imperiums der Kampfruf »Allahu akbar – Allah ist groß!« Die kommunistischen Parteibücher wurden verbrannt, und das Antlitz Khomeinis verdrängte die Bilder des Gottesleugners Wladimir Iljitsch Lenin.

Es war ein schwerwiegender Fehler westlicher Kommentato-

Linke Seite: *Die Heilige Kaaba von Mekka bleibt das Zentrum islamischer Frömmigkeit und knüpft an an die abrahamitische Überlieferung.*

Am 3. Juni 1989 stirbt Ayatollah Khomeini. In Teheran trauern Millionen Menschen.

ren, daß sie die islamische Revolution auf die Figur des Ayatollah Ruhollah Khomeini zu reduzieren versuchten. Hier handelt es sich um ein fast weltumgreifendes Phänomen. Schon der Prophet Mohammed war sich seiner universalen Mission bewußt. Als unbekannter und damals noch unbedeutender Anführer einiger Beduinenhorden hatte er Botschafter an die Großmächte seiner Zeit entsandt. Der Überlieferung zufolge trafen Emissäre des Propheten beim Kaiser von Byzanz, beim Großkönig des Sassaniden-Thrones in Persien, beim Koptischen Patriarchen von Alexandrien ein, um sie aufzufordern, sich der neuen Offenbarung und dem Willen Allahs zu unterwerfen. Diese Botschaft ist damals abgelehnt worden, aber die drei Herrschaftssysteme, die da angesprochen waren, sollten später dem großen islamischen Sturm unterliegen.

Das Erwachen des Islam ist kein lokal begrenztes Problem. Über den Staat Israel sind die Amerikaner unmittelbar tangiert. Die Sowjetunion spürt den Umbruch ihrer südlichen Teilrepubliken, die zum koranischen Glauben zurückfinden. Europa hat

Kollektive Verzweiflung über den Verlust des Ayatollah, eines Mannes, der den strengen Richterfiguren des Alten Testaments ähnlich war.

längst aufgehört, das Mittelmeer zu beherrschen. Zwischen dem mediterranen Nord- und dem Südrand reißt eine Kluft auf. Von Süden her ist eine Immigrationswelle in Gang gekommen, die einer Völkerwanderung gleicht.

Am Anfang einer jeden Betrachtung über die islamische Revolution steht die Frage der Existenz Israels. Das Verhältnis der Muslime zu den Juden war von Anfang an gespannt. In der Eröffnungssure des Koran werden die Christen – relativ harmlos – als Irrende dargestellt. Hingegen spricht Allah von den Juden als denjenigen, denen er zürnt: »Ma'dub alaihi«. Wer von Mohammed und seinen Ursprüngen redet, kann nicht umhin, einen Blick auf das Gelobte Land zu werfen und auch auf Jerusalem, die »Stadt aus Gold«, wie die Israeli heute singen. Auf arabisch trägt Jerusalem schlicht den Namen »El Quds« – die Heilige.

Aus der islamischen Offenbarungsgeschichte ist sie ebensowenig wegzudenken wie Mekka und Medina.

Die frommen Juden betreten nicht die Plattform des biblischen

Betende Araber in Jerusalem vor der goldenen Kuppel des Felsendoms.

Tempels, der ursprünglich von Salomon gebaut wurde, aus Furcht, sie könnten den geheimen Ort des Allerheiligsten entweihen. Für die Muslime bezeichnet der Felsendom den Ort, an dem der Prophet Mohammed auf dem Fabeltier Buraq in den Siebten Himmel erhoben wurde. In jener Nacht des Schicksals wurde ihm die erhabenste göttliche Botschaft zuteil. Nicht nur für die Palästinenser und für die Araber, für den gesamten Islam ist der Besitz Jerusalems deshalb unverzichtbar. Der koranischen Lehre zufolge haben hier die Stammväter Ibrahim und Ismail präzise an dieser Stelle, wo sich heute die goldene Kuppel des Felsendoms erhebt, ihr Sühneopfer dargebracht. Hier soll auch der Prophet Isa, ein Vorläufer Mohammeds – die Christen nennen ihn Jesus und verehren ihn als Sohn Gottes –, eines Tages auf den Wolken erscheinen und den Tag des Jüngsten Gerichts »Yaum ed din« ankündigen.

Mit gutem Grund wenden wir uns zu Beginn dieser Betrachtung dem Heiligen Land zu. Seit fast drei Jahren ist der spontane und

Rechte Seite: Pilger vor der Kaaba in Mekka (Islamische Miniatur aus dem 16. Jahrhundert).

اسلام اوازداد خدای تعالی اواز او بہمہ خلق رسانید در اصلاب ابا

همہ جواب واد نہ مرکس آن خانہ را چع خواست کردن نا روز قیامت

قصہ مولود اسحاق علیہ السلام چون جبریل علیہ السلام مرده داد مر

ابرهیم را علیہ السلام باین اسحق علیہ السلام ازبس آن هفت روز ساره بار گرفت

Links: *Im Dezember 1987 begann der Aufstand der Palästinenser gegen die israelischen Truppen.*

Links unten: *Mit extremer Heftigkeit wird die »Intifada« im Gaza-Streifen ausgetragen.*

Oben: *Die israelische Armee »Zahal« erscheint als waffenstarrender Koloß.*

unkontrollierbare Aufstand der palästinensischen Jugend gegen die israelische Truppen- und Siedlerpräsenz im Gange. »Intifada«, in der Übersetzung »Aufrütteln«, nennt sich diese Bewegung, die fast tausend arabische Todesopfer, meist Jugendliche, gefordert hat. Sie tobt sich an historisch bedeutsamen Schauplätzen aus. Die Intifada entzündet sich stets von neuem.

Auf dem Westufer des Jordan in Hebron liegt Abraham begraben – den die Araber Ibrahim nennen. »El Khalil«, der Gottesfreund, so heißt Abraham auch in der islamischen Überlieferung. Juden und Araber pilgern in eifersüchtiger Feindseligkeit zu den massiven Felsfundamenten dieses gemeinsamen Heiligtums.

Die jungen Palästinenser, oft noch im Kindesalter, die im Umkreis von Hebron die Straßen zu blockieren suchen, Steine und

Rechts: *In den drei Jahren der »Intifada« kamen fast tausend Palästinenser, meist Jugendliche, um.*

Rechts unten: *Die Unruhen am Tempelberg haben zu einem neuen Aufflammen der »Intifada« geführt.*

Oben: *Die Fundamentalisten behaupten in Gaza eine Hochburg ihres wachsenden Einflusses.*

Molotow-Cocktails werfen, führen einen uralten Erbstreit fort. Mit Abraham oder Ibrahim hat doch alles begonnen, denn er allein hatte – in mythischer Vorzeit und umringt von der Götzenwelt der Unwissenheit, der sogenannten »Dschahiliya« – den Glauben an den einzigen Gott bewahrt.

Die israelischen Soldaten gehen mit Schlagstöcken, Tränengas, Kautschuk- und Plastikgeschossen gegen die arabischen Insurgenten vor. Wissen sie eigentlich, daß ihr Urvater, der aus dem fernen Mesopotamien ins Gelobte Land Kanaan gezogen war und sich im heutigen Hebron mit seinen Herden niederließ, daß Abraham »ein Fremder blieb im Land der Philister«? So steht es im Alten Testament. Kein Wunder, daß der Staat Israel sich gegen den Ausdruck »Palästina« sträubt – auf arabisch »Filistin«. Allzu deutlich erin-

Links: *Abd-el-Asis Ibn Saud, der Gründer des modernen Königreichs Saudi-Arabien.*

Rechte Seite, von oben links nach unten rechts:
Die Königsfamilie Al Saud hat sich zum »Wächter der heiligen Stätten« ernannt.

Im Laufschritt ahmen die Pilger die Suche der Hagar nach Wasser nach.

Das Schlachten unzähliger Hammel erinnert an das mythische Opfer Ibrahims.

Das Umschreiten der heiligen Kaaba ist der feierlichste Akt der jährlichen Wallfahrt.

nert dieser Name an jene Philister, die jahrhundertelang die Todfeinde der Hebräer waren. Jericho war die erste kanaanitische Stadt gewesen, die die zwölf Stämme Israel eroberten, nachdem sie aus Ägypten geflohen und lange durch die Wüste nomadisiert waren. Bis auf die Grundmauern wurde Jericho zerstört. Wer die Ruinen der heutigen Stadt in der Jordansenke besichtigt, wird unwillkürlich an die Posaunen von Jericho, die einstürzenden Mauern und den blutigen Triumph des Joschua denken.

Mit extremer Heftigkeit und gewissermaßen mit verkehrten Fronten wird die Intifada im Gaza-Streifen ausgetragen. Hier erscheint »Zahal«, die Armee Israels, als waffenstarrender Koloß Goliath. Es sind die jungen, verzweifelten Araber, die gegen diesen schwergerüsteten Riesen mit Steinen angehen, wie einst der Jüngling David, der mit seiner Hirtenschleuder den feindlichen Hünen Goliath niederstreckte.

In Gaza wurde – so berichtet die Bibel – auch der hebräische Kriegsheld Samson von den Philistern gefangengehalten und geblendet, ehe er die dortigen Palastsäulen mit übermenschlicher

Kraft einriß. Geblendet zu sein in Gaza, das ist auch heute noch die Gefahr, der sich der moderne jüdische Staat und seine Streitmacht aussetzen bei ihrem rücksichtslosen Vorgehen gegen die Intifada. Ist es ein Zufall, daß gerade in Gaza die nationalistische, arabisch-palästinensische Motivation des Widerstandes mehr und mehr durch die Parolen der islamischen Revolution, durch die koranische Rückbesinnung, überlagert wird? Die sogenannten Fundamentalisten der Geheimorganisation Hamas behaupten in Gaza eine Hochburg ihres wachsenden Einflusses. Hier bedarf es keines Khomeini, um die Hinwendung zum Heiligen Krieg zu schüren. Hier wird die weltweite Gemeinschaft der islamischen »Umma« aufgerüttelt und nicht nur die arabische Nation.

Fünf Gebote, die sogenannten »Säulen des Islam«, hat der Prophet Mohammed seinen Gläubigen hinterlassen: das Glaubensbekenntnis (Schahada), das täglich fünfmal zu verrichtende Gebet (Salat), den jährlichen Fastenmonat (Ramadan), die Almosen-

Folgende Doppelseite: *Zeltlager der Mekkapilger vor dem Berg Arafat.*

Links: *Mohammed und Ali reinigen die Kaaba von Götzenfiguren (Illustration aus dem Raudat as Safa, 16. Jahrhundert).*

Rechte Seite: *Nach dem Umschreiten der Kaaba in Mekka pilgern die Gläubigen zum Grab des Propheten nach Medina (Islamische Miniatur aus dem 18. Jahrhundert).*

steuer (Zakat) und die Pilgerfahrt nach Mekka (Hadsch). Die letzte Verpflichtung ist fakultativ. Nicht jedem Muslim ist es vergönnt, die Reise nach Mekka, die oft mit großen Ausgaben und Beschwernissen belastet ist, persönlich durchzuführen. Aber der Wunsch, an diese heiligste Stätte zu gelangen, sollte die Frommen beseelen. Die Verbesserung der Verkehrswege, vor allem die enorme Intensivierung der Luftfahrt, hat die Chance, diese Wallfahrt durchzuführen, auch kleinen Leuten nunmehr in entlegensten Ländern zugänglich gemacht. Jedes Jahr brechen etwa zwei Millionen Menschen zur heiligen Kaaba auf und knüpfen dort an uralte Riten an, die weit in die präislamische Zeit zurückreichen.

Jedes mal löst die Zeit des Hadsch bei den Sicherheitsbehörden des Königreichs Saudi-Arabien große Nervosität aus. Seit Ausbruch der islamischen Revolution im Iran und den Bannflüchen

Khomeinis ist es immer wieder zu Zwischenfällen und Anschlägen gekommen. Ein entsetzliches Unglück im großen Tunnel, der zum zentralen Heiligtum führt, verursachte im Sommer 1990 den Tod von mehr als tausend Pilgern und wurde als böses Omen betrachtet. Nicht nur die persischen Schiiten lehnen sich gegen den Anspruch des Königshauses Al Saud auf, den Titel »Wächter der heiligen Stätten« zu führen, denn König Fahd rückt damit in die Nachbarschaft jenes Kalifats über die gesamte islamische »Umma«, das seit der Vertreibung des letzten osmanischen Sultans durch Atatürk im Jahre 1924 verwaist ist. Auch viele gottergebene Sunniten bestreiten das Recht der Saudis, sich als Protektoren des Hedschas, des Geburtsortes und des Grabes des Propheten in Medina, zu gebärden. Erst in den zwanziger Jahren waren die Reiterscharen des Königs Abd-el-Asis Ibn Saud in das Herzland des Islam eingebrochen. Sie hatten dort den Scherif Hussein, den Urgroßvater des heutigen Königs Hussein von Jordanien, sowie dessen alteingesessene Haschemiten-Sippe vertrieben. Eine religiöse Legitimität haben die Saudis bis auf den heutigen Tag nicht erlangt, zudem auf die gottesfürchtigen Monarchen Ibn Saud und Feisal Epigonen gefolgt sind, die sich von den strengen Vorschriften des Koran abwandten und in weltlichen Genüssen schwelgten.

Im Juli 1987 war es anläßlich der Pilgerfahrt zu blutigen Auseinandersetzungen gekommen zwischen schiitischen Pilgern aus Iran, die von Khomeini zum Protest gegen die saudischen Usurpatoren aufgestachelt worden waren, und örtlichen Polizeikräften. Mehr als vierhundert Menschen sind dabei umgekommen. Bedrohlicher für das Königshaus von Er Riad war jedoch die Revolte des sunnitischen Eiferers El Qahtani, Sproß einer alteingesessenen arabischen Familie und Nachkomme des Propheten, der sich im November 1979 selbst zum Gottgesandten, zum »Mehdi«, proklamierte und an der Spitze von ein paar hundert religiösen Fanatikern das »Beit el Haram«, das zentrale Heiligtum von Mekka, in seine Gewalt brachte. Damals mußten französische Gendarmerie-Offiziere eingeflogen werden, um den Umkreis der Kaaba freizukämpfen, weil sowohl die saudische Armee als auch die vielgerühmte Beduinentruppe »Haras el Watani« mit dieser Aufgabe nicht fertig wurden. El Qahtani und seine Anhänger wurden überwältigt und hingerichtet, aber die Kontrolle über die sakralen Stätten ist weiterhin so problematisch, daß als Einwanderer und Gastarbeiter fast nur Ausländer aus dem asiatischen Subkontinent, vorzugsweise Muslime aus Pakistan und Bangladesch, zugelassen werden.

Um den übergroßen Andrang der Pilgermassen aus dem gesamten Dar-ul-Islam zu kanalisieren, das bekanntlich von den Süd-Philippinen am Rande des Pazifiks bis an die Senegalküste des Atlantiks reicht, waren die saudischen Einwanderungsbehörden gezwungen, eine Art Selektions- und Quotensystem einzuführen. Pro tausend Einwohner wird grosso modo ein Mekka-Pilger aus jedem beliebigen Teil der islamischen Welt zugelassen, eine weitgehend theoretische Regelung, die der Tatsache Rechnung tragen soll, daß die gesamte »Umma« inzwischen fast eine Milliarde Menschen umfaßt.

Der Prophet Mohammed gehörte dem Stamm der Khoreischiten an. Diese gaben schon in präislamischen Zeiten den Ton an in dem Umschlags- und Handelsplatz Mekka, wo die verschiedensten Karawanenrouten Arabiens zusammenliefen und die diversen Stammesgottheiten der Halbinsel über ihre Altäre verfügten. Das Bekenntnis Mohammeds zu Allah, dem einzigen Gott, seine Verfluchung der vielen Götzen, die die Jahrhunderte der »Dschahiliya«, der Unwissenheit, verdüstert hatten, mußten ihm natürlich die Feindschaft all jener Händler von Mekka einbringen, die von der Wallfahrt zum Sanktuarium dieses vielfältigen Aberglaubens, dieses »Schirk«, profitierten und sich daran bereicherten. Von allen Sakralplätzen Mekkas zeichnete Mohammed die heilige Kaaba aus, in deren Wand ein schwarzer Meteorit als Zeichen göttlicher Verheißung eingelassen ist. In der frühen Phase der mohammedanischen Verkündung hat es denkwürdige Schwankungen gegeben. Als der Prophet vor dem Zorn der Khoreischiten bei Nacht aus Mekka fliehen mußte, als er die »Hidschra« nach der Oase Yathrib im Norden antrat, die nach seinem Tode in »Madinat el Nabi«, Stadt des Propheten, auch kurz »Medina«, umbenannt wurde, wiegte er sich noch in der Hoffnung, die zahl- und einflußreichen jüdischen Stämme Arabiens, deren Glaubensgut seine religiöse Offenbarung entscheidend inspiriert hatte, auf seine Seite zu ziehen, ja sie zu seinen Jüngern zu machen. In Yathrib, wo Mohammed sich mit seinen Gefolgsleuten, den »Ansar«, niederließ, wo er nicht nur als Prediger des göttlichen Wortes, sondern vor allem auch als Gesetzgeber und Feldherr auftrat, stieß er von Anfang an auf die »Verstocktheit« der dortigen Juden. Er wurde von der Bani Israil mit Spott übergossen und rächte sich schrecklich, indem er sie erschlagen ließ oder aus Arabien vertrieb. Bis zu dieser radikalen Entzweiung mit dem mosaischen Zweig der »Familie des Buches« war er zu manchem Kompromiß bereit gewesen. So war ursprünglich nicht der Freitag, sondern der Samstag, der Sabbat, der geweihte Tag des frühen Islam, und erst nach dem Bruch mit den Hebräern wurde Mekka als obligatorische Gebetsrichtung, als Qibla, fixiert. Bis dahin hatte sich die Gemeinde der »Muhadschirin« nach Jerusalem verneigt.

Die heiligen Bräuche von Mekka veranschaulichen die enge Verwandtschaft zwischen Thora und Koran, zwischen Juden und Arabern, diesen heute verfeindeten semitischen Brudervölkern. Am Anfang steht nämlich Abraham oder Ibrahim, wie die Muslime den Stammvater nennen, der aus Mesopotamien ins Land Kanaan gezogen war. Das Alte Testament wie übrigens auch die christlichen Evangelien sind integrativer Bestandteil der muslimischen Lehre. Die Offenbarungsschriften der Juden und Christen wurden letztlich, so heißt es bei den Korangelehrten, von deren Interpreten verfälscht. Mohammed stellte die Reinheit der Offenbarung wieder her und gilt als das Siegel des Propheten. Mit Mohammed, der über keinen Funken göttlicher Natur verfügt, der jedoch der perfekte Mensch und das Vorbild eines jeden Gläubigen ist, wurde die Heilsgeschichte endgültig abgeschlossen.

Abraham, so besagt auch die jüdische Überlieferung, hatte von seiner Frau Sarah einen Sohn namens Isaak, der zum Stammvater Israels wurde. Im Alten Testament steht zu lesen, daß Abraham mit seiner Nebenfrau und Magd Hagar einen anderen Sohn zeugte, den er Ismael nannte und der mitsamt seiner Mutter auf Betreiben der eifersüchtigen Sarah in die Einöde verstoßen wurde. Selbst die hebräische Überlieferung bescheinigt diesem Ismael, daß er der Gründer eines gewaltigen Volkes wurde. An dieser Stelle setzt die spezielle Auslegung Mohammeds ein. Er sieht nicht in Isaak und in den aus ihm hervorgegangenen Kindern Israel die Erwählten des Herrn, sondern in dem verlassenen Sohn Ismael. Der Ratschluß Allahs hatte es gefügt, daß Ibrahim mit Ismael gemeinsam in das heutige Hedschas verschlagen wurde und daß beide gemeinsam im Raum von Mekka zu Ehren Gottes das »geweihte Haus«, das »Beit el Haram«, rund um die Kaaba errichteten. An Ismael, so heißt es in der muslimischen Überlieferung, und nicht an dessen Halbbruder Isaak, wurde die totale Gottergebenheit Ibrahims erprobt, als dieser von Allah zur Opferung des eigenen Sohnes aufgefordert wurde und lediglich die Intervention des Engels im letzten Augenblick diese Bluttat verhinderte. Der Hadsch, den die frommen Muslime als einen Höhepunkt des Lebens betrachten, gipfelt in einem Tieropfer, das Allah offeriert wird. Meist wird ein Hammel, ein möglichst makelloses Tier, geschlachtet, in Erinnerung an jenen Hammel, den Ibrahim als Ersatz für Ismael seinem strengen Gott darbringen wollte. Dieses mystische Tier, das sich der Nachstellung des Erzvaters immer wieder durch Flucht entzog, wurde schließlich im heutigen Tempelbereich von Jerusalem

Ibrahims Gottestreue wurde auf die Probe gestellt; er sollte seinen Sohn Ismail opfern. Der Erzengel Dschibril gab ihm den Auftrag, einen Hammel zu schlachten. Dieses Tieropfer ist gleichzeitig die Abkehr der Semiten von den kanaanitischen Menschenopfern.

vorgefunden, eingefangen und an der Stelle des Felsendoms, auch Omar-Moschee genannt, seinem sakralen Schicksal zugeführt.

Wie nahtlos jüdische und muslimische Tradition ineinander übergehen, ist auch an einem anderen Ritual der Mekka-Pilger zu erkennen, wenn sie vor den feierlichen Umkreisungen der Kaaba im Eilschritt, oft im Laufen, auf die Quelle Zem-Zem zustreben. Sie ahmen dort die in der Wüste verdurstende Nebenfrau Hagar nach, die mit ihrem Sohn Ismael verzweifelt nach Wasser suchte, ehe ihr ein Engel zu Hilfe kam und den Brunnen Zem-Zem auf wunderbare Weise sprudeln ließ.

Die Steinigung des Teufels, die die Pilger siebenmal in einem geweihten Ort namens Mina vollziehen, erinnert ebenfalls an dieses religiöse Schlüsselerlebnis Ibrahims, denn mit Steinwürfen hatte der Patriarch den Satan vertrieben, der ihn von der schrecklichen, aber von Allah befohlenen Opfertat am eigenen Sohn abbringen wollte. An keiner anderen Stelle der koranischen Überlieferung wird der Begriff »Islam« – Unterwerfung unter den Willen Gottes – so exemplarisch und kategorisch vorgeführt. Kein Wunder, daß der »Scheitan-er-Radschim«, der gesteinigte Teufel, im täglichen Gebet der Gläubigen wie ein Leitmotiv wiederkehrt.

An der abrahamitischen Inspiration des Hadsch läßt sich ermessen, mit welch unerbittlicher Rivalität Juden und Muslime ihren Streit um die Gunst des Höchsten austragen. Seit vielen Jahrhunderten setzt sich dieser Erbstreit im Hause Abraham fort. Durch die Schaffung des Staates Israel ist der Anspruch der Juden auf das Gelobte Land, ihre Vorstellung, als das auserwählte Volk Jahwes zu gelten, in deutlicher Weise bekundet und reaktualisiert worden. Dem steht die Heilsbotschaft Mohammeds entgegen, die inbrünstigen Gefühle der Muslime, daß sie die wahre, von Irrtümern gereinigte und endgültige Wahrheit besitzen, wie sie dem »Hanif« Ibrahim schon zu Vorzeiten zuteil wurde. Dem auf das Volk Israel in quasi tribalistischer Einschränkung umrissenen Erwähltheitsbegriff der Juden, dem Dreifaltigkeitsglauben der Christen, der den Korangläubigen als eine Spaltung der Einzigkeit Gottes erscheint, setzt der fromme Muslim die Überzeugung entgegen, daß er der perfekten Religion anhängt. Er bekennt, daß dem Islam eine universale Rolle zukommt und daß der Prophet – durch sein exemplarisches Leben als Offenbarungsverkünder, Gesetzgeber und Feldherr zugleich – die Einheit von Religion und Staat, ja die Unterwerfung der Politik unter das Sakrale für alle Zeit festgeschrieben hat.

Wenn unzählige Gläubige sich in weißer Kleidung, barhäuptig und mit entblößter Schulter vor der Höhe von Arafat versammeln, nachdem sie den feierlichen Schrei ausgestoßen haben »labbaina ya rabbi – hier stehen wir vor Dir, Mein Herr!«, dann erinnern sie sich an die Legende, wonach Adam und Eva nach ihrer Vertreibung aus dem Paradies in dieser Einöde von Arafat wieder zu sich gekommen seien. Die Prozession, die sich dann von Arafat nach Muzdalifa bewegt, soll angeblich jene gewaltige Menschheitsbewegung symbolisieren, die sich nach der Erweckung der Toten zum Platz des Jüngsten Gerichts, des »Yaum-ed-din«, ergießt. Manche anderen Ritualhandlungen lassen sich nur durch Relikte erklären, die aus der präislamischen Epoche der Unwissenheit herrühren, als in Mekka Gottheiten der verschiedensten arabischen Stämme dargestellt und verehrt wurden. Davon gab es Hunderte. Ähnlich knüpfen viele christliche Zeremonien und Kulthandlungen an heidnisches Erbgut an, das auf diese Weise inte-

Rechte Seite: *Der Erzengel Dschibril gilt als Überbringer der göttlichen Botschaft.*

griert und verharmlost wurde. Nicht von ungefähr fällt das Fest Christi Geburt mit der Sonnenwende zusammen und die Feier der Auferstehung mit dem Frühlingserwachen.

Das »Beit el Haram«, »das geweihte und auch verbotene Haus«, die Umgebung von Mekka, ist für die Ungläubigen gesperrt. Durch zahlreiche Filmaufnahmen sind alle Einzelheiten der Pilgerfahrt weltweit bekannt. Jene Nicht-Muslime, die am blutigen Schlachtopfer zahlloser Schafe Anstoß nehmen, sollten den Vers aus dem Koran bedenken, wo es heißt: »Ich erwarte von den Menschen keinerlei Lebensmittel, ich verlange nicht, daß sie mich ernähren, denn Allah allein ist mein Ernährer.« Trotz aller Mühsal dieser strapaziösen Wallfahrt kommt bei fast allen frommen Muslimen ein tiefes Gefühl der Erbauung, der Ergriffenheit, der Gottverbundenheit auf, gesteigert durch die Exaltation dieser ungeheuren Massendemonstration. Der Korangläubige weiß, daß er vom Hadsch zurückkommt, »gereinigt von seinen Sünden, so unschuldig wie am Tag, an dem er den Schoß seiner Mutter verließ«. Er fühlt sich nunmehr zu vorbildlichem Verhalten verpflichtet gegen Gott und die Menschen. Durch die enge Verbindung mit Allah fühlt er sich wie wiedergeboren.

An die Umschreitung der heiligen Kaaba, »Tawaf« genannt, die zum zentralen Ritual gehört, an die Steinigung von Mina und das Opfer von Arafat sollte sich eine Wallfahrt nach Medina, an das Grab des Propheten, anschließen. Auch diese Stadt, das frühere Yathrib, ist dem Nicht-Muslim versperrt. Das drittgrößte Heiligtum des Islam, das sollte niemand unterschätzen, der sich heute mit den politischen Problemen des Orients befaßt, ist Jerusalem, und es ließe sich darüber streiten, ob »El Quds«, die Heilige, nicht einen höheren sakralen Stellenwert einnimmt als Medina. Vor der Eroberung der Altstadt Jerusalems durch die Israeli im Jahre 1967, gehörte es zur frommen Übung, falls die Pilger es sich leisten konnten, von Mekka und Medina einen Abstecher zum Felsendom und zur Moschee »El Aqsa« zu machen. Der letzte osmanische Sultan und Kalif hatte durch den Bau der Hedschas-Eisenbahn die heiligsten Stätten miteinander verbunden.

Jerusalem und Mekka – die Mythen lassen die Entfernung schrumpfen. Folgendermaßen schildert der »Hadith«, die Überlieferung aus dem Leben des Propheten, die »Nacht des Schicksals«, die sich kurz vor der Flucht nach Medina ereignete: Mohammed schlief nahe der Kaaba, da erschien der Erzengel Gabriel (Dschibril), spaltete ihm die Brust und wusch sie mit dem Wasser von Zem-Zem aus. Dann bestieg der Prophet ein Fabelwesen, das geflügelte Pferd Buraq, und wurde über Hebron und Bethlehem

Auf dem Fabelwesen Buraq wurde Moham-med in den Siebenten Himmel erhoben.

والكنت دخلة والله قيّ وبراقه ينش اوله حضرت ابى بكر

الصدیق رضی الله عنه براقه بنه صاع بانند یورویه

nach Jerusalem entführt, wo er zum Siebten Himmel erhoben wur-de, um dort seinen illustren Vorläufern zu begegnen: Ibrahim, Mo-ses (Musa) und Jesus (Isa). Er verspürte die Nähe Allahs.

Der Hadsch illustriert nicht nur die angebliche Überlegenheit des Islam über die frühe Lehre des Judentums, er weist auch auf die Unverzichtbarkeit Jerusalems als Heiligtum des Islam hin. Aus dieser Perspektive betrachtet, erscheint eine Lösung des aktuellen Konfliktes um das Heilige Land zwischen Israeli und Palästinen-sern kaum vorstellbar. Sie wird zu einer Frage des Jüngsten Ge-richts, wie ein renommierter Orientalist es formulierte.

Auch die Veröffentlichung der »Satanischen Verse« des Anglo-Inders Salman Rushdie und die wütende Reaktion der islamischen Welt sollte an der mystischen Stimmung des Hadsch gemessen werden. In einer zentralen Episode dieses nicht nur von Khomeini verdammten Buches wird die heilige Kaaba in kaum verhüllter An-spielung als Bordell beschrieben, die feierliche Umschreibung dieses Heiligtums, die »Umra«, als das Drängeln der Kunden des Freudenhauses in geiler Erwartung des sündigen Liebesdienstes. Die Dirnen, zu denen sie zugelassen werden, tragen allesamt die Namen der diversen Frauen Mohammeds. Eine schlimmere Lästerung ließe sich schwer ausdenken. Die Erhabenheit des Hadsch und des »Beit el Haram« von Mekka wird aus Sicht der Korangläubigen besudelt durch eine schriftstellerische Blasphemie. Da gibt es keine geistigen Brücken zur aufgeklärten Permissivität, zur lässigen Toleranz, der sich das Abendland verschrieben hat und deren es sich rühmt.

Immer wieder wird die Frage gestellt, warum die Muslime sich in fremde Kulturen so schwer integrieren lassen. Seitdem das Christentum aufgehört hat, gottesstaatliche Postulate zu formulieren, wie das im Mittelalter der großen Päpste der Fall war, seit die römische Kirche nicht mehr den Anspruch erhebt, allein seligmachend zu sein, haben in Europa die Reformation und die Aufklärung neue Normen der Toleranz gegenüber anderen Glaubensformen gesetzt. Wer den Islam mit dem Christentum vergleichen will, muß auf die beiden Gründerfiguren zurückgreifen, auf Christus und auf Mohammed. Immer wieder betonen die koranischen Schriftgelehrten, die Ulama, die Jesus von Nazareth als einen der großen prophetischen Vorläufer Mohammeds anerkennen, welche grundlegenden Unterschiede zwischen beiden abrahamitischen Religionen existieren. Man vergißt heute allzu leicht, daß das Urchristentum kein politisches Konzept bereithielt, sondern sich auf einen nahe bevorstehenden Weltuntergang vorbereitete. Die muslimischen Kenner der christlichen Lehre verweisen immer wieder auf den Satz Jesu: »Mein Reich ist nicht von dieser Welt.« Oder auf jenes andere Zitat des Neuen Testaments: »Gebt dem Kaiser, was des Kaisers, und Gott, was Gottes ist.« Auch die Mahnung »Wer zum Schwert greift, wird durch das Schwert umkommen«, wird in diesem Zusammenhang erwähnt. Tatsächlich haben die ersten Christen als Bekenner, als Märtyrer, zwar den Tod in der Arena oder durch die Folterknechte des Römischen Reiches gesucht; das entsprang aber nicht einer grundsätzlichen Ablehnung des alles beherrschenden weltlichen Cäsarentums, sondern der Weigerung der ersten Anhänger Jesu, den römischen Kaiser als Gott anzuerkennen und ihm zu opfern. Was immer auch heute behauptet werden mag: Die Bergpredigt enthält keinerlei Regierungskonzept, sie zeichnet den christlichen Heilsweg auf.

Ganz anders der Prophet Mohammed. Er war im Gegensatz zu Christus nur Mensch, wenn auch der perfekte Mensch. Mohammed war nicht nur der Künder und das Siegel göttlicher Offenbarung, er war ein umfassender Gesetzgeber, und er war Feldherr gegen die Ungläubigen. Der Koran enthält neben den besonders poetischen, kurzen Offenbarungssuren, die wie in einer Ekstase rezitiert werden, vor allem eine ausführliche, fast pedantische Beschreibung all jener Vorschriften und Lebensregeln, denen sich der fromme Muslim unterwerfen muß. Mohammed führte seine Gefolgsleute von Anfang an in kriegerische Unternehmungen. Er bekämpfte die Kaufleute von Mekka, die sich seiner Botschaft widersetzten, und die Juden der Oase Yathrib, die später Medina – Madinat el Nabi –, die Stadt des Propheten, genannt wurde, weil sie seiner Neu-Interpretation der alten Schriften, der Thora und des Evangeliums, mit Hohn und Ablehnung begegnet waren.

Bei den Nordafrikanern, die zu Hunderttausenden in der Umgebung von Marseille ansässig geworden sind, lebt ein Beauftragter des dortigen katholischen Bischofs, Pater Michel, der sich nicht

Jüdische Gläubige an der Klagemauer in Jerusalem, 1929.

Die ersten Kibbuzim in Israel glichen Wehrsiedlungen.

um die Bekehrung, wohl aber um die Sozialfürsorge der einge-
wanderten Muselmanen kümmert. Dieser Père Michel hat in seinem engen Kontakt mit den Maghrebinern die Überzeugung ge-
wonnen, daß jener Begriff, den die Europäer mit dem Wort »Fundamentalismus« umschreiben, die wahre koranische Lehre ist. Andererseits hat er entdeckt, daß diese entwurzelten jungen Leute
aus dem islamischen Raum von einer idealen Gesellschaft träumen, die in allen Teilen jener frühen Staatsgründung entsprechen
soll, wie sie der Prophet nach seiner Flucht aus Mekka in Medina
vollzog.

Die persönlichen Konflikte Mohammeds mit den Christen seiner Zeit erscheinen zweitrangig. Eine seiner Frauen war ohnehin
Koptin, also Christin, und trug den Namen Maria oder Miriam. Es
wird auch überliefert, daß ein ägyptischer Priester ihn in die abrahamitische Theologie eingeführt habe. Seine wirklichen, wenn
auch hochgeachteten Gegner waren die Juden, die im 7. Jahrhundert unserer Zeitrechnung einen beachtlichen Einfluß auf ganz
Arabien ausübten, ja es sah damals so aus, als hätte ganz Arabien
kurz vor der Bekehrung gestanden, was offenbar mit gewissen
Stämmen des Jemen bereits geschehen war.

Der Konflikt, die Rivalität mit dem Judentum, mit dem anderen
semitischen Volk, das sich auf die Erbschaft Abrahams beruft, gilt
von jeher als eine Existenzfrage des Islam. Gewiß, die Duldsam-
keit der Kalifen des Mittelalters gegenüber der sogenannten »Familie des Buches« – »Ahl el Kitab« –, gemeint sind Christen und
Juden, war viel großzügiger als die Haltung der abendländischen
Christen gegenüber religiösen Abweichlern. Bei der Reconquista
Spaniens durch die katholischen Könige hatten Juden und Mohammedaner lediglich die Wahl zwischen dem Übertritt zum
christlichen Glauben oder ihrer Vertreibung bzw. der Hinrichtung
durch die Inquisition. Im islamischen Machtbereich durften Juden
und Christen – mit geminderten Rechten gewiß, aber unter relativ
erträglichen Bedingungen – als geschlossene Gemeinschaft weiter
existieren und standen sogar als »Dhimmi« unter dem Schutz des
Sultans und Kalifen.

Die wirklich unversöhnliche Feindschaft zwischen Juden und
Muselmanen brach erst aus, als der Zionismus unter den europäischen Juden an Boden gewann. Vor allem die zaristischen Pogro-
me gegen die in Rußland lebenden Israeliten beschleunigten diese
Entwicklung, während Theodor Herzl in erster Linie durch das
schmerzliche Erlebnis des Dreyfus-Prozesses in Frankreich gezeichnet wurde. Um die Jahrhundertwende kam der Ruf nach der
Gründung eines Judenstaates in Palästina auf. Durch die Vernich-

Am 14. Mai 1948 proklamiert David Ben Gurion in Tel Aviv den unabhängigen Staat Israel.

tungspolitik des Dritten Reiches wurde dieser Trend, der in die Ausrufung des Staates Israel einmündete, auf radikale Weise beschleunigt. Heute treibt der latente Antisemitismus, der das bolschewistische System überlebt, soweit er es nicht durchdrungen hat, rund zwei Millionen Juden der Sowjetunion zur Auswanderung in das Gelobte Land an.

Kein Wunder, daß diese Immigrationswelle das arabische Umfeld im Orient zutiefst aufwühlt.

Die ersten Pioniere des Zionismus, die im späten 19. und frühen 20. Jahrhundert in Palästina an Land gingen, hatten den Geist der neuen Zeit und der Modernität in den verstaubten Orient des Osmanischen Reiches verpflanzt. Diese Juden hatten durch die Rückkehr ins Gelobte Land der mehr oder minder brutalen Diskriminierung durch die Europäer entfliehen wollen. Sie wiegten sich da-

Europäische Einwanderer in einem der ersten Kibbuzim mit dem Namen »Erez Israel«.

mals in der Illusion, von den Arabern, die noch von den Türken beherrscht waren, als semitische Brüder in Abraham und als Mitstreiter für eine gemeinsame blühende Heimat akzeptiert zu werden. Diese Selbsttäuschung hat nicht lange gedauert.

Die Kibbuzim der zionistischen Staatswerdung im Heiligen Land standen anfangs im Zeichen eines utopischen Kommunismus. Man wollte den totalen und selbstlosen Sozialismus aufbauen. Den Vorschriften des Talmud hatten die Gründerväter weitgehend den Rücken gekehrt.

Sie sollten bald in Opposition geraten zur religiösen Urnatur des Judentums, ganz zu schweigen von jenen orthodoxen Glaubensbrüdern, die sich der Klagemauer zuwandten und auf die Ankunft des Messias warteten. Für diese extrem frommen Eiferer, die die Tracht des osteuropäischen Gettos nicht ablegen wollten, war der Staat Israel eine frevlerische Vorwegnahme. Sie verweigerten den Wehrdienst in der israelischen Armee und betrachteten die Verwendung der hebräischen Sprache außerhalb der Synagogen als Gotteslästerung.

Andererseits schien eine hemdsärmelige Fortschrittlichkeit nun einmal den diesseitigen Lebensrhythmus des neu gegründeten Judenstaates zu beherrschen, der aus den Abwehrkämpfen des Jahres 1948 hervorgegangen war.

Schmelztiegel war die Armee, deren Wehrsiedlungen zunächst mehr nationalistisch als sozialistisch oder gar religiös ausgerichtet waren. Die Frauen, die in der Nachfolge der biblischen Judith an der Waffe ausgebildet wurden, drängten sich an die Spitze der bürgerlichen und säkularen Emanzipation.

In den Städten der Küste setzte sich ohnehin ein modernistisches Existenzgefühl durch, und man betonte die überaus weltlichen Aspekte des Alltags. Im Umkreis der Disengow Avenue ergab man sich dem *american way of life*. Als in Jaffa die Zahl der Nightclubs und Diskotheken zunahm, wurde das strenge Rabbinat an die Ausschweifungen der Hure Babylon gemahnt.

Den Juden war es in unermüdlicher Arbeit gelungen, weite Teile des heruntergekommenen Palästina in einen blühenden Garten zu verwandeln. Das geschah allerdings auf Kosten der Besitzansprüche einer arabischen Bevölkerung, die für den Holocaust am Judentum nicht die geringste Verantwortung trug. Der ursprünglich bescheidene Exodus der europäischen Juden war erst unter der Rassenverfolgung des Dritten Reiches, mit Anbruch der »Shoah«, zu einem breiten Einwanderungsstrom angeschwollen.

Eine seltsame Umkehrung hat seitdem stattgefunden. Heute sind es die arabischen Palästinenser, die Nachfahren Ismaels, die in den Flüchtlingslagern eine karge, verbitterte Existenz führen, die in die Rolle des ewigen Wanderers Ahasver gedrängt wurden, die von der Rückkehr in ihr Gelobtes Land Palästina träumen.

In der Verbannung aus der angestammten Heimat hat bei den Palästinensern eine seltsame Mimikry, eine unbewußte Anpassung an frühe zionistische Vorstellungen, stattgefunden. Die Jugend der PLO wird in militärischen Übungen auf den Widerstand und auf die Rückeroberung vorbereitet. Die hinhaltende Behutsamkeit der Alten und Besitzenden wird durch revolutionären Nationalismus verdrängt. Die arabischen Vertriebenen wollten nicht in den Gettos der international betreuten *refugee camps* verkommen, sondern eigene Würde zurückgewinnen. In der Person Yassir Arafats haben sie eine wenig attraktive, aber schier unverwüstliche Integrationsfigur gefunden.

Der israelische Feldzug im Libanon vom Sommer 1982 bildete einen entscheidenden Wendepunkt in dieser endlosen Wartezeit der Palästinenser auf ihre Revanche. Die Organisation zur Befreiung Palästinas hatte im Land der Zeder einen sich revolutionär gebärdenden Teilstaat errichten können.

Die Schlacht um Beirut reduzierte trotz spektakulärer An-

Yassir Arafat vor dem israelischen Einmarsch in Beirut.

15 Jahre nach dem Sechs-Tage-Krieg: der Libanon-Feldzug.

Amerikanische Elitesoldaten, die US-Marines, landen in Beirut.

In Siegerpose verlassen die Kämpfer der PLO im Sommer 1982 Beirut.

Beirut, früher das »Paris des Orients« genannt, ist verwüstet.

Seit 1975 wütet der blutige Bürgerkrieg im Libanon.

Arabische Christen und Moslems stehen sich in erbitterter Todfeindschaft gegenüber.

Christliche Milizen verübten in den Lagern von Sabra und Schatila grausame Massaker.

Folgende Doppelseite: *»Die Sendboten des Friedens weinen bitterlich; die Straßen sind verwaist ...«* (Jesaja, Altes Testament)

Vor den römischen Ruinen Baalbeks (Heliopolis) in der Bekkaa-Ebene demonstrieren Anhänger der schiitischen Extremistengruppe »Jihad-el-Islami«.

fangserfolge den Glauben des Zionismus an seine Unbesiegbarkeit. Von einer jüdischen Vorherrschaft zwischen Nil und Euphrat, wie sie die Bibel versprochen hatte, konnte keine Rede mehr sein. Bei den Kämpfen am Libanon zerbrachen zahlreiche Wunschträume: Das Massaker, das von christlichen Phalangisten in den Palästinenserlagern Sabra und Schatila verübt wurde, warf schreckliche Schatten. Die Todfeindschaft zwischen arabischen Christen und arabischen Moslems, die täglich in den Straßen von Beirut ausgetragen wurde, entlarvte die Vorstellung von einem säkularen, toleranten und multikonfessionellen Palästinenserstaat, in dem Juden, Mohammedaner und Christen gleichberechtigt leben könnten, als schwärmerische Utopie. An eine friedliche Koexistenz mit den Arabern konnten die Juden nun nicht mehr ernsthaft glauben.

Die Palästinenser entdeckten ihrerseits, daß sie sich auf den Mythos des großarabischen Nationalismus nicht verlassen konnten. Ihre Enttäuschung kannte keine Grenzen. Ihre ungeheure Wut richtete sich gegen all jene korrupten Potentaten der Arabischen Liga, die sie im Stich gelassen hatten und sich opportunistisch den Interessen der Supermächte unterordneten.

Die Kampfeinheiten der PLO, so schien es zunächst im Sommer 1982, waren – von den Israeli und dann sogar von den Syrern ins Meer geworfen – zu einem neuen, fernen Exil verurteilt worden. Gleichzeitig waren amerikanische Elitesoldaten, die US-Marines, in Beirut an Land gegangen, um im Libanon eine Friedensordnung herzustellen, die am Ende vor allem den Israeli zugute gekommen wäre. Die Vereinigten Staaten von Amerika schienen ohnehin durch den starken jüdischen Einfluß in den heimischen Medien, in der Wirtschaft, in der Politik, unlösbar an den Judenstaat gebunden zu sein. Das US-Expeditionskorps in der Levante trat bereits die Nachfolge jener abendländischen Kreuzritter des Mittelalters an, die sich zweihundert Jahre lang im Heiligen Land behauptet hatten. Doch diese unzeitgemäße Präsenz rief neue, furchterregende Kräfte auf den Plan.

Für Hussein Mussawi, den Führer des »Jihad-el-Islami«, der schiitischen Terrororganisation, gibt es keinen Kompromiß mit den Feinden Allahs.

Bei ihrem Kampf gegen Israel verweisen die Araber gern auf die mächtigen Burgen, die die Kreuzritter im ganzen Orient hinterlassen haben. In diesen Festungen hatte sich die Christenheit mit dem Mut der Verzweiflung festgekrallt und dem Ansturm des Halbmondes standgehalten. Am Ende waren die Kreuzfahrer und ihre streitbaren Orden der muslimischen Überzahl erlegen.

Unter dem Druck der Erniedrigung, die nicht nur der arabischen Nation, sondern dem ganzen Islam durch die israelische Militärexpedition in Beirut widerfahren war, schlug die Stunde der Extremisten.

Die Revolution Khomeinis fand eine fanatisierte Gefolgschaft unter der starken schiitischen Gemeinde des Libanon. In der Hochebene der Bekkaa ragen die monumentalen Ruinen des Römischen Weltreiches in den Himmel und künden von der Vergänglichkeit westlicher Herrschaftsansprüche. Hier in Baalbek formierten sich die schiitische Terror-Organisation Jihad-el-Islami und die extremistische Fraktion der Hizbollahi, der Parteigänger Allahs. Wie einst im Mittelalter der legendäre Alte vom Berg seine »Haschischin«, seine Todesfreiwilligen, ausgeschickt hatte, so mobilisierte jetzt der Prophetennachkomme Hussein Mussawi eine Handvoll Selbstmordkandidaten. Für diese bärtigen Fanatiker gab es keinen Kompromiß mit den Feinden Allahs. Den von Hussein Mussawi befehligten Fedayin gelang es tatsächlich unter Aufopferung ihres Lebens, die Amerikaner, Franzosen und Israelis aus Beirut und Saida herauszubomben. Ein paar schiitische Hizbollahi waren dort erfolgreich, wo die schwergerüsteten Divisonen des arabischen Nationalismus versagt hatten.

Als 1987 die Intifada ausbrach, wurde der Anspruch Israels auf die Kontrolle Ost-Jerusalems, des Westjordanufers und des Gaza-

Streifens ernsthaft erschüttert. Die Weltöffentlichkeit empörte sich zusehends über die Repressionsmaßnahmen gegen eine fast wehrlose arabische Bevölkerung. Der Judenstaat geriet in die Isolation. Es ist zwar im Verlauf des Jahres 1990 dem derzeitigen israelischen Verteidigungsminister Moshe Arens gelungen, die fernsehwirksamen Szenen der täglichen, blutigen Zusammenstöße zu reduzieren. Dafür haben sich jedoch die streitbaren Palästinenser unter Kontrolle ihrer militanten Jugendlichen in ihren jeweiligen Siedlungen zu hermetisch abgeschotteten Trutzburgen zusammengeschlossen. Hier geben die arabischen und islamischen Revolutionäre den Ton an. Für einen Israeli ist es nicht ratsam, sich ohne bewaffneten Schutz diesen Nestern des Widerstandes zu nähern.

Seit Ausbruch der Intifada muß die Frage nach dem langfristigen Überleben des Judenstaates ernsthaft gestellt werden. Zwischen Ismael und Israel erscheint jeder Weg zur Versöhnung oder auch nur zur friedlichen Koexistenz verbaut.

Der Blick der Juden richtet sich seit geraumer Zeit auf jene Felsenfestung Massada oberhalb des Toten Meeres, wo nach der Zerstörung des salomonischen Tempels durch den römischen Kaiser Titus die letzten Eiferer des jüdischen Widerstandes, die Zeloten, Zuflucht gesucht und ein letztes Bollwerk errichtet hatten. Als sie am Ende ihrer Kraft angelangt waren und ihre Versklavung durch die siegreichen Legionen Roms bevorstand, wählten die Zeloten mitsamt ihren Familienangehörigen den Freitod.

Bei vielen Juden Israels hat sich eine allmähliche Abwendung von den modernistischen, liberalen und aufklärerischen Idealen der hoffnungsvollen Gründerzeit vollzogen. Die Zahl der jüdischen Fundamentalisten, die von Anfang an im Stadtviertel Mea

Links außen: *»Und Gott segnete den siebenten Tag und heiligte ihn.« (1. Buch Moses)*

Links: *An den Talmud-Thoraschulen wird das jüdische Gesetzbuch studiert.*

Rechts: *»Höre, Israel! Gott, unser Herr, ist ein einziger Gott.« Orthodoxe Juden beim Gebet.*

Links: *Die schiitischen Hizbollahi des Südli-banon verlangen die Vernichtung von Israel.*

Rechte Seite: *Ein jun-ger orthodoxer Jude am Festtag Lag be' Omer.*

Scharim ihren Sammelpunkt hatten, vermehrt sich. Sie bilden be-reits ein Drittel der mosaischen Bevölkerung von Jerusalem.

Spätestens seit den Wirren der Intifada gibt sich der Zionismus in letzter Analyse als eine religiöse, mystisch motivierte Bewegung zu erkennen. Hier wird im Namen einer biblischen Verheißung der Anspruch des auserwählten Volkes auf das Gelobte Land des Stammvaters Abraham erhoben. In der Altstadt von Jerusalem prallten nicht nur Juden und Muslime, sondern auch Israelis und arabische Christen aufeinander. Als eine Gruppe zionistischer Ei-ferer ein Gebäude okkupierte, das der griechisch-orthodoxen Christengemeinde gehört hatte, kam es zum Eklat. Christliche Palästinenser, geführt von ihren Popen, entfernten den David-stern, den die neuen Zeloten angebracht hatten. Sie ersetzten ihn durch das Kreuz.

Bei den Schiiten des Libanon ist die Botschaft des Heiligen Krieges auf besonders fruchtbaren Boden gefallen. In der unmit-telbaren nördlichen Nachbarschaft von Galiläa demonstrieren die schiitischen Glaubenskämpfer der Partei Allahs, wie fanatisch die-

ser Wille zur Schaffung eines islamischen Gottesstaates und zur Vernichtung Israels vorgetragen werden kann. In den schiitischen Gebetshallen, den »Husseiniyeh«, hantieren verschleierte Frauen mit Kalaschnikow und Panzerfaust. Für diese Hizbollahi muß der ganze Judenstaat von der Landkarte verschwinden. Eine Besitzstandsgarantie für Israel innerhalb der Grenzen von 1948 wird als teuflische Kapitulation verworfen.

Seit der irakische Diktator Saddam Hussein seinerseits zum Heiligen Krieg aufruft, sind die Überlebenssorgen des Judenstaates ins Unermeßliche gewachsen. Hier steht eine gepanzerte, mit modernsten Raketen ausgerüstete Streitmacht zur Vernichtung Israels bereit, neben der die Partisanenkämpfer der PLO oder die schiitischen Hizbollahi des Libanon als Zwerge erscheinen.

Der »neue Nebukadnezar« Saddam hat spontane Zustimmung auf dem östlichen Jordanufer, im haschemitischen Reich des Königs Hussein, gefunden. Die Palästinenser machen dort ohnehin mehr als sechzig Prozent der Bevölkerung aus. Sie jubeln Saddam Hussein zu, zwingen ihren Monarchen zu diplomatischen Seiltänzen. Sie schüren die antiamerikanische Kampfstimmung und sähen es am liebsten, wenn das Massenheer des neuen Babylon bis zum Schicksalsfluß Jordan vorrückte.

Die Regierung Izhak Shamir in Jerusalem hat bereits zu verstehen gegeben, daß mit einem Vordringen irakischer Truppen in Richtung Westen die Stunde eines neuen Armageddon schlagen würde.

An der Klagemauer von Jerusalem, am uralten Fundament des salomonischen Tempels, vollzieht sich jedes Jahr ein Akt von eindrucksvoller Symbolik. Hier treten die Rekruten von »Zahal«, der Armee Israels, an. In letzter Zeit handelt es sich in der Mehrheit um Neueinwanderer aus der Sowjetunion und Osteuropa. Die Soldaten nehmen bei der Vereidigung mit der einen Hand das Gewehr, mit der anderen den Pentateuch, die fünf Bücher Moses, in Empfang. Über ihnen leuchtet in Flammenschrift der Bibelvers auf: »Lehre den Sohn Juda, mit Bogen und Pfeil zu kämpfen«. Eindeutiger kann die religiöse Herausforderung an die islamische Umgebung nicht formuliert werden.

Ein Mädchen in Uniform besingt das Heldentum der neuen Makkabäer, die Trauer einer Soldatenmutter um ihren gefallenen Sohn, den Mythos von »Jeruschalajim«, der Stadt aus Gold und Blut. Nicht Verwestlichung und Modernität, nicht Verweltlichung und Diesseitigkeit hat Israel den arabischen Nachbarn, den abrahamitischen Brüdern und Erbfeinden, überzeugend vor Augen geführt. Die jüdische Staatsgründung hat die muslimischen Rivalen

»Lehre den Sohn Juda zu kämpfen.« Israelische Soldaten an der
Klagemauer.

Muridenmoschee im senegalesi-
schen Wallfahrtsort Tuba.

um die Gunst Gottes auf den Weg der eigenen mystischen Rückbesinnung verwiesen.

In der unerbittlichen Auseinandersetzung zwischen den beiden
semitischen Völkern, die sich auf Abraham berufen, besitzen die
Mohammedaner einen deutlichen Vorsprung. Während die jüdische Offenbarung auf ein auserwähltes Volk begrenzt bleibt und
keine umfassende Weltbekehrung zum Monotheismus ins Auge
faßt, erhebt die islamische Lehre Mohammeds einen universalen
Anspruch. Zwar ist der Koran, das ungeschaffene Wort Allahs,
durch den Erzengel Gabriel in arabischer Sprache dem lauschen-
den Propheten verkündet worden, und kein Jota darf an dieser Offenbarung verändert werden. Aber daraus leitet sich keine Son-
derstellung, keine Bevorzugung der Araber in der islamischen
»Umma« ab.

Die kriegerische Ausbreitung des Islam, die sich nach dem Tod
Mohammeds in Windeseile vollzog und binnen weniger Jahrzehn-

te ein immenses Territorium zwischen Südspanien und Zentralasien, den »Dar-ul-Islam«, umfaßte, vollzog sich im Zeichen des
»Dschihad«. Der Heilige Krieg gehört nicht zu den Grundgeboten,
den fünf Säulen des Islam. Aber schon Mohammed bewährte sich
als Feldherr. Aus den Suren des Koran klingt eine ganze Folge von
eindeutigen Appellen an die Gläubigen. Sie sollen auf dem Weg
Allahs streiten, sie sollen töten und getötet werden, um der ge-
rechten Sache willen. Dann winken ihnen die himmlischen Gärten
des Paradieses. Nicht nur durch Feuer und Schwert, auch durch die
Predigt der Schriftgelehrten und die bereitwillige Unterwerfung
ungläubiger Völkerschaften unter das Gesetz Allahs hat sich der
Islam in aller Welt verbreitet und schreitet weiter fort. Unter den
Pilgern, die jährlich dem Heiligtum von Mekka und Medina zustreben, sind die Araber in der Minderzahl.

Vor allem in Afrika ist der Islam weiter im Vormarsch. Das
Wallfahrtszentrum von Tuba im westafrikanischen Senegal ist typisch für eine speziell negroide Frömmigkeit. Hier hat sich ein
»Heiliger Mann«, ein Marabu, zum allmächtigen Führer seiner
Sekte aufgeschwungen. Die Angehörigen dieser Glaubensgemeinschaft, »Muriden« genannt, setzen ihre ganze Arbeitskraft bei der
Erdnußernte in den Dienst ihres geistlichen Meisters und überlassen dem »Kalifa«, wie sie ihn nennen, die Aufgabe, durch Gebet
und Fürbitte für ihr geistliches Heil zu sorgen.

Bis zum Kongo und bis tief in den Süden Mosambiks sind die is-
lamischen Missionare – meist handelte es sich um Händler, die den
Koran predigen – vorgestoßen. Der Erfolg des Islam bei den
Schwarzen liegt zum großen Teil an der Einfachheit seiner Lehre.
Er wird zudem als eine antikolonialistische Botschaft betrachtet.

Nur wenige Afrikaner scheinen sich daran zu erinnern, daß der
Sklavenhandel, der zu Recht den weißen Eroberern angelastet
wird, auch im arabisch-islamischen Raum von Anfang an in mindestens ebenso schrecklicher Form gewütet hat. Im Arabischen bezeichnet das Wort Abid sowohl den Neger als auch den Sklaven.
Vielleicht hat es eine Rolle gespielt, daß ganz zu Beginn des Islam
eine Integrationsfigur gestanden hat. Bilal, der erste Gebetsrufer,
der erste Muezzin, war schwarzer Afrikaner und wurde von Mohammed besonders ausgezeichnet.

Hier sollte immerhin vermerkt werden, daß die koranische Botschaft auch jenseits des Atlantiks in Nordamerika Fuß gefaßt hat.
Die dortige schwarze Protestbewegung hat der militanten Organisation der »Black Muslims« einen beachtlichen Raum überlassen
müssen.

Die stärkste islamische Gemeinschaft, etwa einhundertfünfzig

Millionen Menschen, lebt in Indonesien. Wenn auf der Insel Java in Djogjakarta das »Sekaten-Fest« gefeiert wird – eine Verballhornung des arabischen Wortes »Schahadatain«, des doppelten Bekenntnisses zu Gott und Mohammed –, dann spürt der Beobachter, in welch tropisch-exotischen Rahmen die Wüstenreligion in dieser Äquatorialzone geraten ist. Die ersten muslimischen Missionare, meist arabische Händler aus Hadramaut, hatten sich klugerweise der örtlichen malayischen Musikinstrumente, insbesondere des Gamelan, bedient, um die Ungläubigen in ihre Moscheen zu locken. Zweifellos ist der Islam Indonesiens durch starke hinduistische Reminiszenzen und Überbleibsel geprägt. Die Rechtgläubigkeit ist hier gelegentlich verschwommen. Aber niemand sollte vergessen, daß fanatisierte moslemische Jugendliche an der Spitze jener schrecklichen Repression und jener Massaker standen, die im Jahre 1965 die mächtige Kommunistische Partei Indonesiens fast ausmerzten. Wenn das heutige Militärregime des General Suharto, das sich zum »Panjasila«, das heißt zu einer Lehre großer Toleranz, bekennt, überhaupt bedroht werden kann, dann wäre es eventuell durch eine Welle islamischen Eifers. Dafür bietet sich in den Elendsvierteln der Riesenmetropole reichlicher sozialer Zündstoff.

Die Republik Pakistan spielt eine hervorragende Rolle im weltweiten Dar-ul-Islam. Hier wurde nach der Teilung des indischen Subkontinents ein Separatstaat ins Leben gerufen, der die Zugehörigkeit zum koranischen Glauben zum obersten politischen Prinzip erhoben hat. In Pakistan spiegelt sich heute noch die Pracht jener muselmanischen Mogul-Kaiser, die bis zur Ankunft der Briten ganz Indien beherrscht hatten.

In jüngster Zeit ist die Auseinandersetzung mit dem benachbarten und eng verwandten Erbfeind Indien im nördlichsten Zipfel des Subkontinents, in Kaschmir, neu ausgebrochen. Seit Gründung des islamischen Pakistan werden hier die ärmlichen Gebirgsbauern von Azad-Kaschmir, die überwiegend Schiiten sind, von pakistanischen Instrukteuren in einem ausgesprochen britischen Stil ausgebildet und gedrillt. Die Bereitschaft zum Heiligen Krieg gegen Delhi zur Befreiung von Gesamt-Kaschmir ist groß, zumal der indisch verwaltete Teil Kaschmirs zu fünfundneunzig Prozent von Muselmanen bevölkert ist.

Für kurze Zeit hätte man im Jahr 1988 an der strikten religiösen Ausrichtung Pakistans irre werden können, als die schöne Premierministerin Benazir Bhutto, deren Vater bereits Regierungschef war und als solcher von General Zia-ul-Haq hingerichtet worden war, die Wahlen gewann und die Macht an sich riß.

Rechts: *Benazir Bhut-*
to war im November
1988 zur Ministerpräsi-
dentin von Pakistan
gewählt worden.

Linke Seite: *Freitags-*
gebet in Islamabad.
95 Prozent der Bevöl-
kerung Pakistans sind
Muselmanen.

Doch dieser feministische Durchbruch, der den koranischen
Vorstellungen widersprach, war nicht von Dauer. Mit Hilfe der
Streitkräfte wurde Benazir Bhutto durch den konservativen
Staatspräsidenten abgesetzt und sogar unter Anklage gestellt. Die
pakistanische Armee hat sich heute noch nicht von der Niederlage
erholt, die sie 1971 in Ost-Bengalen, dem heutigen Bangladesch,
erlitten hat, und sinnt auf Revanche gegenüber dem übermächti-
gen indischen Nachbarn und Rivalen.

Auch in Bangladesch hat sich übrigens ein streng islamischer
Staat herausgebildet. Die Masse der Mohammedaner auf dem
Subkontinent wird auf mehr als dreihundert Millionen Menschen
geschätzt.

Mit der Götterwelt des Hinduismus, der für die Mehrzahl der
indischen Staatsbürger zwischen dem Himalaja und der Südprovinz Kerala den täglichen Lebensablauf von achthundert Millionen Menschen bestimmt, kann es für einen frommen Mohammedaner keinen Kompromiß geben. Wenn anläßlich der indischen
Staatsfeste die zahllosen Götzen in bunter Prozession zur Schau
gestellt werden, wenn die hinduistischen Brahmanen und Sadhus
barbarisch und heidnisch wirkende Frömmigkeit zur Schau stellen,

*In Indien stehen sich
850 Millionen Hindus
und 100 Millionen Mu-
selmanen gegenüber.*

dann dreht sich jedem gläubigen Jünger des Propheten Mohammed der Magen um.

Juden und Christen waren immerhin teilhaftig der Offenbarung
vom einzigen Gott. Doch der Hinduismus, dieses Pantheon des
Brahma, Wischnu und Schiwa, gilt für den Korangläubigen als
teuflische Verkörperung des »Kufr«, der totalen Abwendung vom
strengen und einzigen Gott. Die Präsenz so vieler Muselmanen auf
dem Subkontinent bildet für die indische Regierung einen permanenten Unruhefaktor, der eines Tages existenzgefährdend werden
könnte.

Werfen wir einen Blick auf China, das Reich der Mitte. Fromme Männer mit weißen Käppchen versammeln sich in einer Moschee von Hohot, der Hauptstadt der Inneren Mongolei. Die Muselmanen der Volksrepublik China werden auf dreißig bis vierzig
Millionen Menschen geschätzt. Ihre Treue zum Glauben ist besonders verdienstreich. In der Inneren Mongolei, um nur dieses
Beispiel zu erwähnen, wurden Tausende von Moslems während
der Kulturrevolution umgebracht, weil sie sich weigerten, Schweine zu züchten und sich damit rituell zu verunreinigen. Die muslimische Gemeinde Chinas reicht bis in die Südprovinz Jünan hinein. Da gibt es, wie hier in Hohot, die starke Gruppe der Hui, Sven
Hedin nannte sie Dunganen. Die Hui sind der Rasse und der Sprache nach reine Han-Chinesen. Trotzdem wurden sie vom kommunistischen Staat aufgrund ihrer religiösen Zugehörigkeit als ge-

trennte nationale Gruppe eingestuft. Die Treue zum Glauben – trotz Marx und Mao – ist bei diesen Hui so stark, daß unlängst noch der dogmatische Premierminister der Volksrepublik, Li Peng, der Überwachung islamischer Aufsässigkeit Vorrang einräumte.

In der riesigen Westprovinz Sinkiang, die auch als »autonome Region der Uiguren« bezeichnet wird, stellt sich die islamische Frage unter anderen Aspekten. Hier sind es überwiegend Turkvölker, die sich zum Koran bekennen. Mehrheitlich sind es türkische Uiguren, aber auch Kasaken und Tadschiken. Die Grenze der Sowjetunion und die Auseinandersetzung des Moskauer Imperiums mit seinen zentralasiatischen Republiken ist in Sinkiang zum Greifen nahe. Die kulturelle Substanz der verschiedenen Turkvölker – das zeigt sich in den Schulen von Urumtschi – hat sich weitgehend erhalten.

Neuerdings kehrt man hier von dem durch Mao Tse-tung eingeführten lateinischen Alphabet wieder zu den arabischen Schriftzeichen zurück. In der Oase Turfan, wo die Uiguren fleißig neue Moscheen bauen, ist der islamische Lebensstil besonders deutlich zu spüren, fast wie in Afghanistan. In der Umgebung von Kaschgar ist es sogar zu religiösen Unruhen gekommen, und die Volksbefreiungsarmee hat von der Waffe Gebrauch gemacht. Von Anfang an haben Mao Tse-tung und seine Nachfolger dafür gesorgt, daß massive Bevölkerungsströme von Han-Chinesen sich nach Sinkiang ergossen, so daß die muslimischen Turkvölker durch die Einwanderung des Staatsvolkes nach und nach in die Minderheit gerieten.

Selbst auf dem Balkan, in unserer unmittelbaren europäischen Nachbarschaft, regt sich das islamische Erwachen. Im jugoslawischen Kosovo wehren sich die Albaner gegen die Unterdrückung durch Belgrad. Die Serben tragen hier nicht nur einen uralten Volkstumskampf aus, und die kommunistischen Parolen sind meist nur ein Vorwand. In letzter Analyse verläuft hier die Kluft zwischen dem orthodoxen Christentum der Serben auf der einen Seite und dem zutiefst islamisch geprägten Lebensstil der Albaner auf der anderen. Es ist nicht auszuschließen, daß sich diese religiösen Spannungen auf die Teilrepublik Bosnien übertragen, wo etwa fünfzig Prozent der Bevölkerung Mohammedaner sind und als gesonderte Nationalität vom kommunistischen jugoslawischen Regime anerkannt wurden.

»Gottes ist der Orient – Gottes ist der Okzident«, hat Goethe in seinem West-Östlichen Diwan gedichtet. Er nahm damit nur einen Vers des Koran wieder auf, der allen frommen Muslimen wohlbekannt ist: »Lillahi el maschreq wa Lillahi el maghreb«.

TEIL II

Die Irrungen der arabischen Nation

In seinen Kampfaufrufen gegen die Amerikaner und gegen den Staat Israel hat der irakische Diktator Saddam Hussein immer wieder verkündet, daß der Weg nach Jerusalem über Mekka führt. Der Sturz der saudischen Dynastie stelle für ihn die Voraussetzung eines islamisch-arabischen Sieges über den Zionismus dar.

Der Ayatollah Khomeini hatte seinerzeit diese Forderung ähnlich und dennoch ganz anders formuliert, als er während seines Krieges gegen Saddam Hussein verkündete, der Weg nach Jerusalem führe über Bagdad, das heißt über die Vernichtung seines irakischen Todfeindes.

Die arabischen Nationalisten von heute streben unermüdlich, aber erfolglos nach der Schaffung einer einheitlichen arabischen Nation. Im Namen dieses Postulats hat Bagdad auch das Scheichtum Kuweit seinem Staatsgebiet einverleibt, weil es angeblich eine organische Einheit mit dem Irak bilde. Stets wird von arabischer Seite der westliche Imperialismus beschuldigt, nicht nur die arabische Einheit zu verhindern, sondern sie zerschlagen zu haben. Dabei wird wohlweislich verschwiegen, daß es so gut wie keine unabhängigen arabischen Staaten gab, als 1918 – nach der Zerschlagung des Osmanischen Reiches – Engländer und Franzosen den Nahen und Mittleren Osten in ihre jeweiligen Mandatsgebiete aufteilten. Bevor die Franzosen in der syrisch-libanesischen Levante an Land gingen und die britischen Empire-Truppen über die Sinai-Halbinsel und Südmesopotamien nach Norden vordrangen, hatte vierhundert Jahre lang der Sultan und Kalif von Istanbul über fast sämtliche Territorien und Stämme des arabischen Orients und Nordafrikas geherrscht, mit Ausnahme des fernen Marokko. Im Mittelalter waren die christlichen Kreuzritter weniger durch die arabischen Kalifen und Emire bedrängt worden als durch die islamisierten türkischen Völkerschaften, insbesondere die Seldschuken, die ursprünglich aus Innerasien aufgebrochen und dort bereits zum Islam bekehrt worden waren. Der berühmte Sultan Saladin, der Jerusalem eroberte und auf den Saddam Hussein sich heute als Vorgänger beruft, war – wie bereits erwähnt – Kurde und nicht Araber. Der große Feldherr Baibars, der aus dem Niltal heran-

Linke Seite: *Für die Israeli erscheint Saddam Hussein als Wiedergeburt des babylonischen Großkönigs Nebukadnezar, der einst Jerusalem zerstörte.*

rückte und der christlichen Präsenz der Ritterorden den Todesstoß versetzte, war als Mameluke, als ehemaliger leibeigener Söldner, vermutlich tscherkessischen Ursprungs.

Im 13. Jahrhundert war der Mongolensturm wie ein mörderischer, alles vernichtender Wirbelwind über den gesamten islamischen Orient hinweggefegt. Es blieben nur Trümmer zurück, doch auf diesen Ruinen war kein neues arabisches Kalifat entstanden, sondern der Machtanspruch der osmanischen Türken, deren Padischah sich zunächst den weltlichen Titel des Sultans zulegte, dann aber nach Beseitigung der letzten nach Kairo geflüchteten Abbassiden auch den Titel des Kalifen, des Statthalters Allahs auf Erden.

Unter der harten Knute des Osmanischen Reiches und seiner despotischen Bürokratie war die ganze islamische Welt zwischen Oran im heutigen Algerien und Kuwait am Persischen Golf erstarrt und vermodert. Niemand sprach damals von einer arabischen Nation.

Erst im 19. Jahrhundert sollten sich die reformfreudigen Kräfte in Ägypten und in der Levante regen. Die Ulama versuchten dort den Islam zu erneuern beziehungsweise auf seine frühere Reinheit zurückzuführen. Die Intellektuellen fanden Geschmack an abendländischen Denkmodellen. Der wirkliche Einbruch des Okzidents fand mit der Landung Bonapartes in Ägypten statt. Wieder einmal war »Napoleon an allem schuld«.

Im Juni 1798 war das französische Expeditionskorps in Ägypten gelandet. Es ging dem Ersten Konsul Napoleon Bonaparte darum, die Engländer, die Erzfeinde der Franzosen, von ihren Besitzungen in Indien abzuschneiden. Der junge Korse war auch davon

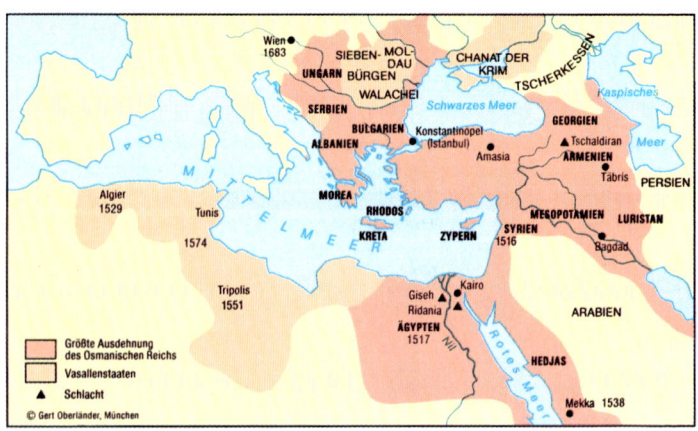

78

Im Jahr 1099 eroberten die Kreuzritter unter Gottfried von Bouillon Jerusalem. 1187 schlug der Kurde Saladin die Kreuzritter bei Hittin und eroberte seinerseits Jerusalem.

Links: *Das Osmanische Reich zur Zeit seiner größten Ausdehnung 1683.*

überzeugt, daß man große Taten – auf den Spuren Alexanders –
nur im Orient vollbringen konnte.

Die Expedition Bonapartes nach Ägypten ist gescheitert. Aber
sie hat unendlich viel bewirkt.

Die französischen Revolutionstruppen verbreiteten in Alexandrien, Kairo, später bis nach Syrien hinein, den Geist der Modernität und des Fortschritts. Sie erschütterten die vermoderten
Geistesstrukturen. In ihrem Gefolge waren auch jene Gelehrten
und Wissenschaftler ins Niltal gekommen, die vom Geist der Aufklärung durchdrungen waren und von den Soldaten spöttisch »les
ânes – die Esel« genannt wurden. Zu Füßen der Sphinx hat Napoleon die brutale, ausbeuterische Herrschaft der Mameluken erschüttert. Hier prägte er vor der entscheidenden Schlacht den Auf-
ruf an seine Soldaten: »Von dem Gipfel dieser Pyramiden blicken
vierzig Jahrhunderte auf euch herab.« Gleichzeitig wandte er sich
an die hohe islamische Geistlichkeit der theologischen Hochschu-
le El Azhar, um sie für seine Erneuerungspolitik zu gewinnen. Bonaparte soll sogar mit dem Gedanken gespielt haben, selbst zum Islam überzutreten. Seine Proklamationen begannen stets mit der
koranischen Formel »Bismillah rahman rahim – Im Namen Allahs,
des Gnädigen, des Barmherzigen!«

Mit seinem Ägypten-Feldzug hatte Bonaparte das Osmanische Reich attackiert, aber keineswegs besiegt. Im Niltal hingegen bereitete er einer modernistischen Entwicklung den Weg. Im
19. Jahrhundert ergriff dort der frühere albanische Tabakhändler
Mehmet Ali die Macht und gründete eine von der türkischen Pforte fast unabhängige Dynastie, die sich dem Westen öffnete und
auch in religiösen Fragen große Toleranz praktizierte.

Mehmet Ali hatte trotz seiner Zugehörigkeit zum sunnitischen
Islam erkannt, daß es neuer Kräfte bedurfte, um sein frisch ge-
gründetes Imperium, das er zeitweilig bis nach Mittelarabien und
Syrien ausdehnte, zu konsolidieren und wettbewerbsfähig zu machen. Er stützte sich nicht nur auf europäische Experten und Be-
amte; er räumte den religiösen Minderheiten Ägyptens, den christlichen Kopten und auch den Juden, eine Vorzugsbehandlung ein.

In der türkischen Hafenstadt Istanbul am Bosporus spiegelt sich
heute noch die vergangene Macht und Größe des Osmanischen
Weltreiches. Vor ihrer Eroberung durch die Türken hatte diese
Megalopolis den Anspruch erhoben, das zweite, das östliche Rom
zu sein. Sie trug damals den Namen Konstantinopel oder Byzanz.
Seit der türkischen Eroberung sind die griechisch-orthodoxen Kirchen, an der Spitze die gewaltige Basilika Hagia Sophia, in Moscheen umgewandelt worden. Die osmanischen Sultane und Kali-

Napoleon Bonaparte landete mit seinem Expeditionskorps 1798 in Ägypten. Die französische Armee besiegte in der Schlacht an den Pyramiden die Mameluken.

fen herrschten über ein Imperium, das sich auf der Höhe seines Glanzes von Ungarn bis zur Südspitze Arabiens, von der Wolga bis zur Grenze Marokkos erstreckte.

Jedes Jahr zelebrieren die heutigen türkischen Behörden den Gedenktag der Eroberung Konstantinopels durch die Heerscharen des Sultans Mehmed Fatih. Es treten Darsteller in den alten Kostümen der Janitscharen auf, jener Elitetruppe, die – unter geraubten Christenkindern zwangsrekrutiert – den eigenen Sultan oft genug durch ihre Putschgelüste bedrohten.

Spätestens im 19. Jahrhundert ist das einst glorreiche Staatsgebäude des türkischen Padischah durch die Inkompetenz der Herrscher, durch Korruption und Intrigen zum sprichwörtlichen »kranken Mann am Bosporus« geworden. Ihr Sultan, so hieß es, fürchtete sich mehr vor den Intrigen seiner Harems-Eunuchen als vor der Rebellion der Janitscharen.

In geschichtlichen Inszenierungen führen moderne türkische Filme Szenen aus der Eroberung Konstantinopels im Jahre 1453 vor. Dieses Datum wurde von den Historikern gewählt, um das Ende des Mittelalters und den Beginn der Neuzeit zu datieren. Das ganze Abendland zitterte vor dem Türkensturm, der zweihundert Jahre später in der Belagerung Wiens gipfeln sollte.

Christliche Gottesdienste in der bescheidenen orthodoxen Kirche von Istanbul symbolisierten die ungeheuerliche Veränderung, die sich im Bereich des östlichen Mittelmeers nach dem Fall Konstantinopels an den Islam vollzogen hatte. Der Patriarch von Byzanz, der dort das Meßopfer zelebrierte, hatte einmal als der ebenbürtige Rivale des Papstes und Bischofs von Rom gegolten. Die siegreichen Muselmanen haben das Oberhaupt der griechisch-orthodoxen Ostkirche mancher Demütigung unterworfen. Der heutige Patriarch ist nur noch ein Schatten grandioser christlicher Vergangenheit im Orient. Aus dem Niedergang Konstantinopels haben später die russischen Zaren und die ihnen untergebene Geistlichkeit den Anspruch auf Erbfolge abgeleitet. Ihren Regierungssitz Moskau riefen sie zum dritten Rom, zum neuen expansiven Zentrum der Christenheit, aus.

Im Ersten Weltkrieg ist das Osmanische Reich, das sich mit den Mittelmächten Deutschland und Österreich verbündet hatte, endgültig unter den Schlägen der Alliierten zusammengebrochen. Von diesen Kämpfen, die am Suezkanal, an den Dardanellen, im Vorfeld von Aden und zuletzt in Palästina ausgetragen wurden, existieren erste flimmernde Filmberichte. Seit der Jahrhundertwende hatte sich eine Verschwörung junger Offiziere konstituiert, die der nationalistischen Erneuerungsbewegung der Jungtürken ihren modernistischen Elan verlieh. An ihre Spitze stellte sich der aus Saloniki gebürtige General Mustafa Kemal, der sich später Atatürk – Vater der Türken – nennen sollte. Er hatte sich in der Schlacht an den Dardanellen als Feldherr bewährt.

Jedes Jahr wird des Todestages Atatürks zu Füßen des gewaltigen Mausoleums gedacht, das die neue Hauptstadt der Türkischen Republik, Ankara, überragt. Wohl oder übel hatten die türkischen Nationalisten ihr islamisches Weltreich und den Anspruch ihres Sultans auf das Kalifat preisgeben müssen. 1924 hatte Atatürk den letzten Padischah ins Exil geschickt. Nun schrieb Atatürk mit eiserner Faust die Abwendung seines Staates von der islamischen Tradition vor. Er befahl eine radikale Modernisierung und Europäisierung. Aus Anatolien versuchte Kemal ein Stück Europa zu machen.

Die türkische Armee ist bis auf den heutigen Tag das Rückgrat und der Träger der Republik und ihrer ursprünglich islamfeindlichen Staatsideologie. Wenn die Kadetten bei ihren Ausbildungskursen nach dem Vermächtnis Atatürks befragt werden, bekunden sie unter anderem ihr Engagement für den säkularen Staat.

Am Nationalfeiertag werden in Ankara inmitten moderner Truppenparaden auch Szenen aus jenem Selbstbehauptungskampf der jungen kemalistischen Türkei gezeigt, der in den frühen zwanziger Jahren mit der Vertreibung der angreifenden Griechen aus Anatolien endete. Unter Atatürk hat die Türkei einer großen, aber am Ende schmachvollen Vergangenheit den Rücken gekehrt. An die Stelle des islamischen Sendungsbewußtseins war eine fanatische Hinwendung zur Nation getreten.

Im Schulunterricht, wo Jungen und Mädchen – entgegen allen islamischen Vorschriften – gleichberechtigt nebeneinander antreten und die Nationalflagge grüßen, verkündet eine Schülerin von heute das nationale Credo: »Wir arbeiten, wir sind glücklich, daß

Mit dem Ende des Oströmischen Reiches verlor auch der Patriarch von Byzanz, der einmal als der ebenbürtige Rivale von Rom gegolten hatte, seine Bedeutung.

wir Türken sind. Wir werden alles tun, was sich Atatürk für die Kinder erwünscht hat.« Mit Absingen der Nationalhymne beginnt die staatliche Schule ihren Unterricht. Von Heldentum und Selbstbefreiung wird hier gesungen. Auf Weisung Kemal Atatürks hatte die lateinische die arabische Schrift verdrängt. Der Koran war zu seinen Lebzeiten aus dem Lehrprogramm verbannt. Die meisten Moscheen hatte er geschlossen.

Seit ein paar Jahren gehört die radikale Hinwendung der Türkei zum säkularen Nationalstaat bereits wieder der Vergangenheit an. In den vielen Jahrhunderten des großen Osmanischen Reiches sind in Anatolien weniger Gebetshäuser gebaut worden als in den letzten zwanzig Jahren der türkischen, nachkemalistischen Republik. Die Moscheen sind am Freitag wieder mit frommen Betern aller Altersklassen und aller Stände gefüllt. Die Verschleierung der Frauen, die Atatürk unter härtesten Strafandrohungen verboten hatte, greift wieder um sich. Sogar die einst so verwestlichte, kos-

Im Ersten Weltkrieg stand das Osmanische Reich auf der Seite von Deutschland und Österreich. Kaiser Wilhelm II. besuchte im Oktober 1917 Sultan Mehmet V. in Istanbul.

1923 rief Mustafa Kemal Atatürk die Republik Türkei aus. Er befahl eine radikale Abwendung seines Staates von den islamischen Traditionen.

mopolitische Hafenstadt Istanbul wendet sich mehr und mehr dem asiatischen Anatolien zu.

Der derzeitige Staatspräsident Turgut Özal erklärte uns selbstsicher, als er noch Regierungschef war, daß die Türkei nunmehr eine Brückenfunktion beanspruche zwischen Europa und dem arabischen Orient.

Özal ließ Fernsehbilder ausstrahlen, die ihn bei der Pilgerfahrt nach Mekka und der Umschreitung der heiligen Kaaba zeigen. Es ist eine beachtliche Rückwendung vollzogen worden.

Die jüngeren Offiziere und die Soldaten, die einer unerbittlichen Disziplin unterworfen sind, stammen mehrheitlich vom Lande und aus den Kleinstädten. Es kann auf die Dauer gar nicht ausbleiben, daß sich bei ihnen nach und nach die alteingefleischten Vorstellungen und Bräuche des Islam wieder durchsetzen, auch wenn sie heute noch kemalistische Parolen brüllen und die Türkei – nicht die Gärten Allahs – als ihr Paradies bezeichnen.

Truppenparade in Ankara. Die türkische Armee ist das Rückgrat der Republik und wichtiger Bestandteil des westlichen Verteidigungsbündnisses.

Wie weit die Türkei weiterhin vom Ideal der totalen Europäisierung entfernt ist, läßt sich in jenen Dörfern Anatoliens erkennen, wo sich ein zutiefst orientalischer Lebensrhythmus erhalten hat.

Ganz im Osten leitet die kurdische Berglandschaft bereits zum Kaukasus und zur iranischen Provinz Aserbeidschan über. Dort zeugen leere Dörfer und verlassene Kirchen vom Völkermord an den Armeniern, der unter Sultan Abdul Hamid 1915 als Heiliger Krieg des Islam gegen die orientalische Christenheit verstanden wurde.

Die türkische Armee nahm bislang im äußersten Westzipfel ihres Staates, längs der bulgarischen Grenze, an Manövern der NATO teil. Der Staat Atatürks bildete einen wehrhaften Sperrie-

Rechte Seite: Der türkische Staatspräsident Turgut Özal bei einer Pilgerfahrt nach Mekka.

Folgende Doppelseite: *Die gewaltige Basilika Hagia Sophia in Istanbul.*

Berlin-Kreuzberg ist das Zentrum der in Deutschland lebenden Türken.

gel der Atlantischen Allianz gegen die vorgeschobenen Stellungen
des Warschauer Paktes. Doch schon tun sich andere Perspektiven
auf, und gerade bei den türkischen Nationalisten kommt altes pan-
turanisches Gedankengut wieder auf, der Traum von der Einheit
aller Turkvölker zwischen dem Bosporus und den Steppen der
Mongolei.

In der zentralanatolischen Stadt Konia, der Hochburg eifernder
islamischer Frömmigkeit, wird deutlich, wie weit die Republik
Atatürks sich von ihren europäischen und aufklärerischen Grün-
dungsidealen bereits entfernt hat. In Konia führen die tanzenden
Derwische der Mevlana-Bruderschaft wieder ihre seltsamen geistlichen Übungen vor. Während die kreisenden Männer mit ihren
rhythmischen Bewegungen in mystische Trance geraten, wiederholen sie die Beschwörung der Dhikr, die fundamentale Beken-
nerformel, daß es außer Allah keinen Gott gebe und daß Mohammed sein Prophet sei.

Ein Blick nach Berlin-Kreuzberg, der stärksten türkischen und
somit muslimischen Konzentration in Deutschland: Unter den

Türken der Bundesrepublik – soweit sie nicht Kurden oder Alewiten sind – hat sich oft strenge Frömmigkeit ausgebreitet. Gerade in der Verfremdung des deutschen Kulturraums, der diesen Zuwanderern aus Anatolien und Istanbul mit lockeren Sitten und einem üppigen Lebensstil begegnet, besinnen sich die sunnitischen Türken auf das, was ihrem tiefen Bewußtsein zufolge ihre eigene Überlegenheit ausmacht, nämlich auf den Glauben an den einzigen Gott Allah und seinen Propheten Mohammed. Schon wird gemutmaßt, daß eine fundamentalistische Rückwendung der Republik Atatürks durch jene Elemente beschleunigt werden könnte, die im fremden deutschen Umfeld nach den Wurzeln des Glaubens suchen. Ähnlich war es ja den Algeriern ergangen, die als Fremdarbeiter im Industriegürtel von Paris die eigene nationale und zunächst einmal islamische Identität wiederentdeckten. Dort war zwischen den beiden Weltkriegen der erste Ansatz zur Volkserhebung der Algerier gegen die französische Fremdherrschaft laut geworden.

Der Staatschef Libyens, Oberst Muammar el Qadhafi, hatte einmal behauptet, daß jeder Araber auch gleichzeitig Muslim sein müsse. Damit gab er seiner Geringschätzung für die orientalischen Christen Ausdruck, die in der Geschichte der arabischen Wiedergeburt während und nach der langen Periode osmanischer Herrschaft eine wesentliche Rolle gespielt hatten. Ganz Nordafrika, das Niltal, das heutige Anatolien und jener »fruchtbare Halbmond«, der sich über Jordanien, Palästina, Syrien und Mesopotamien bis zum Schatt-el-Arab erstreckt, waren lange vor der islamischen Eroberung durch den Kalifen Omar zum Christentum übergetreten. Diese orientalische Christenheit unterstand zum großen Teil der weltlichen Herrschaft des byzantinischen Kaisers, war aber durch eine Vielzahl theologischer Spannungen und Schismen in sich zerrissen. Als die Krieger Mohammeds aus der Wüste auftauchten, wurden sie von weiten Teilen der christlichen Bevölkerung, die der byzantinischen Ausbeutung überdrüssig waren, fast wie Befreier begrüßt. Die Hinwendung zum Islam geschah bei weiten Bevölkerungsteilen ohne großen äußeren Druck. Bis in das 20. Jahrhundert haben sich unter türkischer Herrschaft starke christliche Inseln erhalten, man denke nur an die Armenier, die Chaldäer, die Assyrer, die Maroniten, die Griechisch-Orthodoxen, die Nestorianer und manch andere christliche Splittergruppe. Im heutigen Ägypten dürften die christlichen Kopten noch etwa sechs Millionen Menschen zählen. Die Zeiten der Verfolgung, die unter dem Fatimiden-Kalifen Hakim bi Amrillah einen blutigen Höhepunkt erreichten, wurden durch Perioden großer Toleranz abgelöst. Aber der gesetzliche Status dieser »Familie des Buches«, dieser Christen und Juden, die immerhin auf den gleichen abrahamitischen Ursprung zurückblickten wie die wahren Gläubigen des Korans, blieb unter der theoretischen Oberhoheit des Kalifen, ob er nun Araber oder Türke war, eng beschränkt. Den Christen wurde insbesondere vorgeworfen, daß sie mit ihrem Glauben an die Dreifaltigkeit der Einzigkeit Gottes, dem höchsten Gebot des Islam, zuwiderhandelten und sich des »Schirk« schuldig machten.

Als die Kreuzritter einen Teil der Levante etwa zweihundert Jahre lang beherrschten und dort ihre fränkischen Fürstengüter errichteten, hatten sie in engem, wenn auch nicht konfliktlosem Kontakt zur orientalischen Christenheit gestanden. Später sollte der französische König eine gewisse Schirmherrschaft über die katholische Christenheit der Levante ausüben, während der russische Zar, der seine Metropole Moskau als drittes Rom bezeichnete, den orthodoxen Konfessionen seine Schirmherrschaft angedeihen ließ.

Als die türkische Macht im 19. Jahrhundert erlahmte, standen die arabischen Christen an der Spitze der Auflehnung gegen den Sultan von Istanbul. Viel später erst – während des Ersten Weltkrieges – unter Anleitung englischer Agenten, darunter der berühmte Lawrence of Arabia, haben die Beduinenstämme der arabischen Halbinsel zur Waffe gegriffen, um die türkischen Garnisonen zu überfallen und von ihren rückwärtigen Verbindungen abzuschneiden.

Bei den überwiegend städtischen Christen Syriens und des Libanon hingegen bildete sich eine geistige Elite, die den Kontakt zu den Universitäten Westeuropas pflegte, das abendländische Gedankengut der Aufklärung übernahm und den Begriff der Nation auf das Arabertum zu übertragen suchte. Diese Studenten wurden nach der Rückkehr in ihre Heimat als Lehrer, Dichter, Journalisten und Ideologen tätig. Sie hatten einen doppelten Grund, sich gegen die erdrückende Herrschaft der Osmanischen Pforte aufzulehnen: Als Araber wollten sie eine eigene Nation begründen und unterstrichen den Abstand von den türkischen Unterdrückern, als Christen weigerten sie sich, den geistlichen Führungsanspruch des Kalifen von Istanbul anzuerkennen, der ihnen im Rahmen seiner theokratischen Verfassung – ganz im Sinn des Koran ausgerichtet – einen minderen Status auferlegte.

Es hat vielfältige politische Facetten des arabischen Erwachens, der Nahda, gegeben. Die einen waren vom französischen, die anderen vom britischen Modell geprägt. In den dreißiger Jahren gesellten sich dazu ausgesprochen faschistische und nationalsozialistische Tendenzen. Die dynamischste dieser Bewegungen der ara-

Der feierliche Ritus der griechisch-orthodoxen Kirche in Syrien, Palästina und im Libanon erinnert an die jahrhundertelange Herrschaft der Kaiser von Byzanz über die ganze Levante.

bischen Wiedergeburt war die bereits erwähnte Baath-Partei, deren geistiger Vater bezeichnenderweise ein Syrer und griechisch-orthodoxer Christ war, Michel Aflaq. Erst vor etwa einem Jahr ist er in Bagdad als stellvertretender Staatschef eines natürlichen Todes gestorben, und Saddam Hussein hat ihm ein imposantes Staatsbegräbnis ausgerichtet.

Gerade in den heutigen Tagen spielt die Baath-Partei, zu deren Gründern auch der Syrer Salah Bitar gehörte, eine entscheidende Rolle in den beiden großen Staatswesen des »fruchtbaren Halbmonds«, in Syrien und im Irak. Nach einer Reihe von blutigen inneren Zwisten war diese revolutionäre, nationalistische und sozialistische Bewegung in Damaskus wie in Bagdad an die Macht gelangt und behauptete sich dort durch ein allgegenwärtiges brutales Polizeisystem.

Auch hier lasteten uralte Überlieferungen auf den modernen

*»Lawrence of Arabia«
unterstützte die Araber
im Kampf gegen das
Osmanische Reich.*

Erneuerungsansätzen. Schon in den frühen Jahrhunderten des Islam war das Kalifat der Omayaden, das seinen Sitz in Damaskus bezogen hatte, durch das Kalifat der Abbassiden von Bagdad abgelöst worden. Diese Erbfeindschaft setzt sich bis auf den heutigen Tag in der unerbittlichen Rivalität zwischen dem syrischen und dem irakischen Flügel der Baath-Partei fort. Während die arabischen Nationalisten Syriens den ehemaligen Luftwaffengeneral Hafez el Assad als ihren höchsten Führer fast kniefällig verehren müssen, gebärdet sich Saddam Hussein als Möchtegern-Bismarck der arabischen Nation, wenn er nicht – dem Zwang der Stunde und der Stimmung der Massen gehorchend – das Schlachtroß des militanten Islamismus besteigt.

Im ganzen Nahen und Mittleren Osten sind versprengte christliche Gemeinden erhalten geblieben. Der feierliche Ritus der griechisch-orthodoxen Kirche Syriens, Palästinas und Libanons erinnert an die jahrhundertelange Herrschaft der Kaiser von Byzanz über die heutige Levante. Die griechisch-orthodoxe Geistlichkeit hat sich schließlich der Herrschaft der Muselmanen unterworfen und angepaßt. Während des Mittelalters, als die fränkischen Kreuzritter die Bindung aller christlichen Konfessionen des Orients an das lateinische Rom erzwingen wollten, ging bei den Anhängern des Patriarchen von Konstantinopel der Spruch um: »Lieber den Turban des Sultans als die Tiara des Papstes.« Später suchte diese Diaspora der orthodoxen Christenheit Schutz beim russischen Zaren.

Ganz anders die Glaubensgemeinschaft der katholischen Maroniten, die vor allem im Libanon beheimatet ist. An jedem Karfreitag gedenkt die verschworene Gemeinde der maronitischen Mönche der Kreuzigung Christi. In ihrer langen Geschichte haben die Maroniten sich stets gegen jede Form von Bevormundung mit Waffengewalt zur Wehr gesetzt. Sie lehnten die despotische Orthodoxie der Byzantiner ab, vertrugen sich aber auch mit den fränkischen Kreuzrittern schlecht, obwohl sie den römischen

Michel Aflaq (links neben Saddam Hussein) war der geistige Vater der Baath-Partei.

Das Kloster Sednaya. Zehn Prozent der syrischen Bevölkerung sind orthodoxe Christen.

Papst als geistliches Oberhaupt anerkannten. In den Gesichtern der gläubigen Nachkommen von armen Gebirgsbauern und in der strengen Liturgie der Mönche, die sich im Glaubenskampf stets an die Spitze ihrer Gemeinden stellten, spiegelt sich kriegerische Entschlossenheit. Während der Jahrhunderte osmanischer Herrschaft haben die Maroniten dem islamischen Druck nie nachgegeben. Im 19. Jahrhundert wären sie auf Geheiß des Sultans von Istanbul beinahe durch drusische Freischärler ausgerottet worden, wenn ihnen französische Truppen, die Napoleon III. in die Levante entsandt hatte, nicht zur Seite gestanden hätten.

Nach dem Ersten Weltkrieg und der Auflösung des Osmanischen Reiches waren französische Truppen in Beirut gelandet und übernahmen das Mandat über Syrien. Vergilbte Archivbilder zeigen die Proklamation eines überwiegend christlich-maronitischen Staates im Libanon unter französischem Protektorat. Die Franzosen traten begeistert in die Fußstapfen ihrer fränkischen Ahnen, jener Kreuzritter, die rund um das Heilige Land ihre Fürstentümer

Hafez el Assad wurde nach einem Militärputsch 1971 Staatspräsident von Syrien.

Die prachtvolle Grabmoschee der Sit Zeynab, der Tochter Alis, in Damaskus.

Die syrische Baath-Partei feiert jedes Jahr ihre Machtergreifung von 1963.

und mächtigen Burgen errichtet hatten. Offenbar hatten die Regierungen der Dritten Französischen Republik und später General de Gaulle nicht begriffen, daß in der Levante das Erwachen des arabischen Nationalismus zur beherrschenden Kraft geworden war.

Als 1975 der Bürgerkrieg aufflammte und der Libanon im Chaos und sinnlosen Gemetzel versank, entsannen sich die Maroniten ihrer kämpferischen Überlieferung und begegneten den anderen Glaubensgemeinschaften des Libanon mit blutrünstiger Entschlossenheit. Am Ende sollte es sogar zur Zerfleischung zwischen maronitischen Milizen und maronitischen Armee-Einheiten unter General Aoun kommen. Langfristig ist damit das Schicksal der orientalischen Christenheit, ihr letzter Versuch staatlicher Selbstbehauptung, besiegelt worden. Als äußerste Konsequenz dürfte sich die Unterwerfung unter die islamische Gesetzgebung oder das Exil im Westen aufdrängen.

Wenn wir heute auf die unabhängige arabische Republik Syrien blicken, entdecken wir ein widerspruchsvolles Staatsgebilde. An der Spitze steht ein allmächtiger Präsident, Hafez el Assad. Dieser frühere Luftwaffengeneral übt die totale und unerbittliche Autorität über sein Land aus und läßt sich von den Anhängern der herrschenden Baath-Partei, der Partei der arabischen und sozialistischen Wiedergeburt, hemmungslos feiern. Dieser verschlossene und wortkarge Mann möchte weitschweifende historische Träume verwirklichen und von Damaskus aus ein großsyrisches Reich errichten, das auch Palästina, den Libanon und Jordanien umfassen würde. Er will einen säkularen und sozialistischen Staat konsolidieren und zeigt sich den konfessionellen Minderheiten gegenüber relativ tolerant. Auch die Frauen hat er als aktive Kräfte in seine Baath-Partei integriert. Auf den ersten Blick erscheint die syrische Armee – mit modernen russischen Panzern und Flugzeugen großzügig ausgestattet – als das Rückgrat des Baath-Regimes. Tatsächlich hat der Kreml bis in die jüngste Vergangenheit die syrischen Streitkräfte als Bollwerk gegen den Staat Israel ausgebaut und aufgerüstet.

Bei offiziellen Anlässen zeigt Präsident Hafez el Assad sich gern beim Gebet in der Moschee. Aber in der konfessionellen Zugehörigkeit liegt sein wirkliches Problem. Er gehört einer obskuren religiösen Gruppe, der Sekte der Alawiten, an, die in Syrien höchstens zwölf Prozent der Bevölkerung ausmacht und von den frommen Koranlehrern als schlimme Ketzerei verurteilt wird. Präsident Assad, ein Meister geheimdienstlicher Intrigen, stützt sich zur Erhaltung seiner Macht vorwiegend auf schwerbewaffnete Milizen, die der gleichen alawitischen Glaubensgruppe angehören wie er selbst. Ohne diese Prätorianergarde gäbe es für ihn sicher kein Überleben.

Der islamische Fundamentalismus findet unter der rechtgläubigen sunnitischen Bevölkerungsmehrheit zahlreiche Anhänger. Vor allem die militanten Moslembrüder haben mehrfach versucht, Hafez Assad zu stürzen, aber ihre Revolten wurden bisher im Blut erstickt.

Mit der Besetzung Kuweits durch die irakische Armee ist die Feindschaft zwischen den beiden widerstreitenden Baath-Flügeln in Bagdad und Damaskus auf die Spitze getrieben worden. Die Syrer hatten unter Hafez el Assad im ersten Golf-Krieg mit dem Iran paktiert und betonten ihre Feindschaft gegen die USA. Damals konnte sich Hafez el Assad noch der besonderen Freundschaft Moskaus rühmen und bot sich als Speerspitze gegen Israel an. Seit Michail Gorbatschow der ambitiösen russischen Orientpolitik abgeschworen hat, haben die Syrer einen erstaunlichen Frontwechsel vollzogen und Truppen in die saudische Wüste entsandt, um einer weiteren Expansion Saddam Husseins entgegenzuwirken. Zwangsläufig sind sie dort zu Alliierten der vielgeschmähten Amerikaner geworden.

Inzwischen gebärdet sich der irakische Staatschef Saddam Hussein wie ein babylonischer Großkönig. Wie bereits erwähnt, bemüht er sich gleichzeitig um die Pose eines islamischen Helden. Doch auch er hat gute Gründe, dem islamischen Fundamentalismus zu mißtrauen.

Mit knapper Not und unter gewaltigen Opfern hat er dem fanatischen Ansturm der persischen und schiitischen Revolution des Ayatollah Khomeini standgehalten. Saddam Hussein legt heute öffentliche Lippenbekenntnisse zur koranischen Frömmigkeit ab. Obwohl er sunnitischer Moslem ist, findet er gelegentlich den Weg zu den ehrwürdigsten Heiligtümern des schiitischen Glaubens-

Saddam Hussein in der Rolle des Nebukadnezar, jenes Königs von Babylon, der 587 v. Chr. Jerusalem eroberte und die Juden in die »Babylonische Gefangenschaft« führte.

Der Sunnit Saddam Hussein bei einer Pilgerfahrt in Mekka 1988.

zweiges nach Nadschaf und Kerbela, an die Gräber der Imame Ali und Hussein.

Die Idee eines islamischen Gottesstaates war für Saddam Hussein bislang verpönt, denn etwa sechzig Prozent der arabischen Bevölkerung des Irak bekennen sich zur Lehre der Schia. Khomeini und sein Generalstab hatten vergeblich gehofft, daß diese Schiiten Mesopotamiens sich zur Unterstützung des Iran gegen Saddam Hussein und die herrschende sunnitische Minderheit erheben würden. Diese Revolte ist jedoch ausgeblieben, besser gesagt, sie wurde von Saddam Hussein im Keim erstickt.

Der Schatt-el-Arab, der Zusammenfluß von Euphrat und Tigris, bleibt weiterhin der Schicksalsstrom des Irak. In diesem Zweistromland, wo einst das babylonische Großreich und viel später der Kalif Harun ar Raschid die Geschichte des Orients bestimmten, wird sich voraussichtlich das Schicksal des arabischen Nationalismus entscheiden.

Mit seinem verzweifelten Versuch, sich an die Spitze der nationalarabischen Kräfte zu setzen, tritt Saddam Hussein nicht als erster Prätendent auf den Plan. Diese Führungsrolle war in den fünfziger und sechziger Jahren von Ägypten beansprucht worden, das dank seiner Menschenmassen und dank seiner Scharnierposition zwischen Afrika und Asien für jede arabische Entfaltung unentbehrlich ist. Die unwürdigen Bedingungen, unter denen mindestens zwei Millionen ägyptische Fremdarbeiter unlängst aus dem Irak und aus Kuweit vertrieben wurden, tragen im Niltal zweifellos nicht dazu bei, einen enthusiastischen Gefühlsumschwung zugunsten des Diktators von Bagdad anzuregen.

Kein Land der Erde verfügt über eine grandiosere Tradition als Ägypten. Dennoch versuchen die islamischen Eiferer des Niltals, die imposante pharaonische Vergangenheit zu verdrängen und die mächtigen Denkmäler einer einzigartigen Kunst und Historie als Zeugnisse heidnischer Unwissenheit zu verfemen.

Der charismatische ägyptische Staatschef Gamal Abd el Nasser, der nach dem Sturz König Faruks den militanten arabischen Nationalismus zwischen Kairo und Assuan anheizte, wurde im Westen oft verkannt. Dieser Volkstribun mit dem pharaonischen Auftreten hatte die verspäteten Kolonialansprüche der Engländer und Franzosen am Suezkanal erfolgreich abgewehrt. Er wurde zu Unrecht, weil er sich auch gern beim Gebet in den Moscheen zeigte, als fanatischer Moslem und Feind abendländischer Aufklärung betrachtet. In Wirklichkeit war Gamal Abd el Nasser ein relativ moderner, von sozialistischem und nationalistischem Ideengut inspirierter Staatschef.

Unter Nasser wurde die bedeutendste Lehrstätte des Islam, die Universität El Azhar, dem Staat gefügig gemacht. Der Rektor von El Azhar, der die kompetenteste Koraninterpretation, die fundierteste »Fatwa« erteilt, wird seit Nasser von der ägyptischen Regierung berufen. Der »Rais«, wie Nasser von seinen Anhängern genannt wurde, genoß einzigartiges Prestige zwischen Marokko und dem Persischen Golf. Wenn ihm die Massen zujubelten, erschien die Einheit der verzettelten arabischen Nation, der arabischen Umma, nicht mehr als unfaßbare Utopie. Gegen die islamischen Fanatiker, die man später Fundamentalisten nennen sollte, gegen die Verschwörungen der Moslembrüder ging der »Rais« mit äußerster Härte vor.

Die Tragödie Gamal Abd el Nassers war die Existenz und die Wehrhaftigkeit Israels. Im Zeichen der Frontstellung gegen den

Folgende Doppelseite: *Der Schatt-el-Arab bleibt der Schicksalsstrom für den Irak.*

Der ägyptische Staatschef Gamal Abd el Nasser wollte die Einheit der arabischen Nationen im Kampf gegen Israel erreichen. Auf seine Initiative hin wurde 1964 die PLO gegründet.

Zionismus hatte er versucht, die ganze arabische Nation zu mobilisieren. Bei den gigantischen Paraden, die er veranstaltete, forderten die Sprechchöre der ägyptischen Elitesoldaten die Vernichtung des Judenstaates. Im Kampf gegen Israel, so hoffte Gamal Abd el Nasser, würde die arabische Einheit geschmiedet.

Am Ende stand eine schreckliche ägyptische Niederlage von biblischem Ausmaß. Wie einst die Kampfwagen des Pharao den aus Ägypten ausziehenden Hebräern nachgestellt hatten, so ließ Gamal Abd el Nasser seine endlosen Panzerkolonnen sowjetischer Fabrikation durch den Sinai gegen den Judenstaat anrennen. Das Strafgericht war fürchterlich.

Die Armeen Ägyptens wurden in der Sandwüste aufgerieben. Der Mitla-Paß war mit den Wracks einer gewaltigen Kriegsmacht übersät. Es schien, als wiederholten sich gewisse kriegerische Begebenheiten des Alten Testaments. Die Israeli sprachen von einem Gottesurteil. Viele Araber mußten in jener Stunde der Demütigung empfunden haben, daß ihre vom Westen übernommene nationale Idee für diesen abrahamitischen Schicksalskampf nicht ausreichte. Von nun an sahen sich weite Teile der arabischen Bevölkerung veranlaßt, sich auf den Islam als unüberwindliche Kraft zu berufen, in Allah ihren obersten Feldherrn zu sehen.

Als Nachfolger Gamal Abd el Nassers erwarb sich Präsident Anwar-es-Sadat eine begeisterte Gefolgschaft im Westen. Er hatte sich 1973 recht erfolgreich als Feldherr behauptet, als er im Yom-Kippur-Krieg die israelischen Befestigungslinien am Suezkanal durchbrach. Später brachte er den beinahe selbstmörderischen Mut auf, mit dem zionistischen Staat des Ministerpräsidenten Menachem Begin einen Friedensvertrag zu schließen. Danach zeigte sich, daß auch ein Erbe der Pharaonen eine gewisse Schwelle nicht überschreiten durfte. Anwar-es-Sadat fiel den Kugeln muslimischer Fanatiker zum Opfer. Seine Nachfolge als ägyptischer Staatschef trat der Oberbefehlshaber der ägyptischen Luftwaffe,

Im Sechs-Tage-Krieg wurden der Sinai, das Westjordanland, der Gaza-Streifen, die Altstadt von Jerusalem und die Golanhöhen von den Israelis besetzt.

Hosni el Mubarak, an. Es wird sich noch erweisen müssen, ob dessen Engagement auf seiten der USA und des Königreichs Saudi-Arabien gegen die nationalistischen und panislamischen Parolen Saddam Husseins Bestand haben wird. Im gesamtarabischen Raum hat sich ein gewaltiges revolutionäres Potential angestaut. Die Entladung ist eines Tages fällig, und dazu bedarf es nicht einmal unbedingt eines radikalen Provokateurs, eines babylonischen Despoten vom Format Saddam Husseins.

Im Gegensatz zur europäischen Geschichte, die sich linear entwickelte und bis auf den heutigen Tag den Fortschrittsglauben hochhält, scheint sich die islamische Entwicklung in einem ständigen Kreislauf zu bewegen. Nicht erst der britische Orientexperte Arnold Toynbee hat diese Gesetzmäßigkeit aufgezeichnet. Schon der Maghrebiner Ibn Khaldun entwarf im 14. Jahrhundert eine arabisch-islamische Soziologie und eine diesem Kulturkreis eigene Gesetzmäßigkeit. Laut Ibn Khaldun kommen die Erneuerung des wahren Glaubens sowie die partielle gesellschaftliche Umschichtung stets aus der Wüste. In der endlosen Öde von Sand und Gestein, wo der Mensch nur noch der unerbittlichen Zwiesprache mit dem Allmächtigen ausgeliefert ist, entfesseln sich jene eifernden Leidenschaften, die die Rückbesinnung auf den perfekten koranischen Lebensstil erzwingen. Hatten diese rauhen Eroberer der Wüste ihrerseits erst einmal die Macht in den üppigen Oasen und fruchtbaren Tälern an sich gerissen, so verfielen auch sie der Verweichlichung, der Sünde, der Abkehr von der puritanischen Befolgung muslimischer Gebote. War die Fäulnis der Herrschenden, der Verfall der neu etablierten Dynastien erst weit genug fortgeschritten, dann schlug – wenn man Ibn Khaldun glauben darf – die Stunde eines neuen fanatischen Glaubenssturms der Beduinen oder wilden Gebirgsstämme. Der Zyklus begann von neuem.

Was hier als ferne mittelalterliche Theorie erscheint, hat sich bis ins 20. Jahrhundert mit nur geringen Varianten bewahrheitet. Das Herrscherhaus der Saudi in Arabien oder – in geringem Maße – der Senussi in Libyen sind eindrucksvolle Beispiele für diesen religiösen Aufbruch glaubensstarker Wüstenkrieger, die nach Erringung der Macht unermeßlichen Reichtum anhäuften, sich dem Luxus ergaben und schließlich dem sittlichen Niedergang anheimfielen.

Wenn die Sonne über der Wüste Arabiens sinkt, entfliehen die wohlhabenden Einwohner Riads der Hitze des Tages und fahren in die trostlose Umgebung der protzigen Hauptstadt. Sie kampieren dort neben ihren Luxuslimousinen. Von Beduinenromantik ist nicht viel zu spüren, wenn die Unterhaltungsmusik aus den Lautsprechern der Transistorradios klingt.

Anwar-es-Sadat, Menachem Begin und Jimmy Carter unterzeichnen in Camp David das Friedensabkommen zwischen Israel und Ägypten.

Ein Trupp Soldaten unter dem rot-weiß gescheckten Kopftuch zeichnet sich gegen den fahlen Himmel ab und weckt Erinnerungen an jenen heiligen Sturm, der aus der Wüste kam und das arabische Stammland des Propheten zum strengen puritanischen Glauben der muslimischen Ursprünge zurückführen wollte.

König Feisal war der letzte Herrscher Saudi-Arabiens, der das koranische Idealbild des frommen, gottesfürchtigen und asketischen Herrschers verkörperte. Er hatte an der Eroberung der heiligen Stätten von Mekka und Medina durch die rigorose Sekte der Wahabiten an der Spitze seiner Kamelreiter teilgenommen. Am 24. März 1975 wurde er von einem Angehörigen der eigenen Sippe ermordet.

Anscheinend ist in Saudi-Arabien der Islam in seiner ganzen Reinheit erhalten geblieben. Als einzige Verfassung des Königreichs behauptet sich der Koran. Doch die bedingungslose Gottergebenheit, die die Krieger der Wüste einst auszeichnete, ist mit der Entdeckung des Erdöls, mit der Verehrung des »Goldenen Kal-

Die Wüstenkrieger von einst leben heute im Luxus.

bes« und der Übernahme westlicher Konsumgewohnheiten verlo-
rengegangen.

Die Feuersäulen in der Wüste erinnern nicht mehr an die Erscheinung Gottes oder Allahs in biblischer Zeit, als der Allmächti-
ge dem Stammvater Moses, wie die Juden sagen, dem Propheten-
vorläufer Musa, wie ihn die Muslime nennen, im brennenden
Dornbusch erschien. Heute sind es die Fackelgase der schier uner-
schöpflichen Petroleumvorkommen, die über den Sanddünen auf-
steigen. Mit dem Reichtum des schwarzen Goldes ist die Verwahr-
losung der Sitten, die Sündhaftigkeit, die Abkehr von den strengen
Vorschriften des einzigen Gottes und Propheten Mohammed ein-
hergegangen.

In den Städten des Königreichs Saudi-Arabien herrscht ein bei-
spielloser, skandalöser Luxus. Der jetzige König Fahd, Enkel des
großen Ibn Saud, der die Dynastie gründete, ist wegen seiner Ver-
schwendung und seines lockeren Lebenswandels bei vielen seiner
Untertanen auf Ablehnung gestoßen. König Fahd läßt sich gern als
»Wächter der heiligen Stätten« bezeichnen. Der Anspruch auf den

Der Fliegergeneral Hosni el Mubarak wird nach der Ermordung Präsident Anwar-es-Sadats im Jahr 1980 Staatschef in Ägypten.

Mit seinen Beduinentruppen hatte Ibn Saud in den dreißiger Jahren Mekka erobert. Die moderne saudiarabische Armee setzt sich hauptsächlich aus Söldnern zusammen.

König Feisal gilt als der letzte fromme und gottesfürchtige Herrscher Saudi-Arabiens.

Die wirtschaftliche Grundlage für den Reichtum Saudi-Arabiens ist das Erdöl.

Saddam Hussein droht, im Kriegsfall sämtliche Ölfelder in der Golfregion zu zerstören.

Titel eines Kalifen, wie er für den frommen König Feisal nahelag, steht ihm nicht zu.

Schon stellt sich die Frage, wie lange es dauern wird, bis ein Aufstand der Rechtgläubigen sich gegen die ausschweifende, hemmungslose Clique von mindestens dreitausend Prinzen richten wird. Das Heiligtum von Mekka war schon einmal im November 1979 in die Hände einer Gruppe von Aufständischen geraten, die die Wiederherstellung des perfekten und kompromißlosen Gottesstaates nach dem Modell von Medina verlangten. Nach langer Belagerung wurde der Anführer dieses heiligen Putsches, der Prophetennachkomme El Qahtani, der sich bereits als »Mehdi«, als gottberufener Führer, proklamiert hatte, hingerichtet.

Viele Amerikaner, die nach der Annexion Kuweits die Entsendung ihrer Streitkräfte in die saudische Wüste begrüßten, sind sich wohl nicht bewußt, daß die monarchischen Regime der Ölmagnaten, zu deren Schutz sie angetreten sind, in den Augen der arabischen Massen ihr ererbtes Ansehen längst eingebüßt haben, ja daß man ihnen vielerorts mit Haß und Verachtung begegnet. Diese Stimmung weiß Saddam Hussein natürlich zu nutzen, und er wird – notfalls im Verbund mit seinen persischen Todfeinden von gestern – den Volkszorn gegen die korrupten Dynastien zu schüren wissen, die sich den Verlockungen westlicher Verderbnis ausgeliefert haben.

Wohl der letzte echte Beduine, der ein islamisches Staatswesen beherrscht, ist Oberst Muammar el Qadhafi von Libyen. Er ist noch unter dem Zelt der Nomaden zur Welt gekommen. Er hat die morsche und korrupte Dynastie der Senussi gestürzt. Heute läßt er sich von wohlorganisierten Volksmassen vergöttern. Im Namen der koranischen und nationalen Erneuerung hatte er im September 1969 den greisen König Idris verjagt. Nur die wenigsten erinnern sich daran, daß die Senussi – ganz im Sinne der zyklischen These Ibn Khalduns – noch zu Beginn unseres Jahrhunderts als

Das Erdöl hat Saudi-Arabien zu unermeßlichem Reichtum verholfen. In den Städten des Königreiches, wie hier in der Hauptstadt Riad, herrscht protziger Luxus.

113

Die Erneuerung des wahren Glaubens kommt stets aus der Wüste (Ibn Khaldun).

wackere Kämpfer des Islam sich mannhaft gegen die italienischen Kolonisatoren zur Wehr gesetzt hatten.

Qadhafi ist zur Karikatur des Beduinen, ja zur Karikatur des islamischen Volksführers geworden. Seine Eitelkeit kennt keine Grenzen. Er umgibt sich mit einer Leibgarde von adrett uniformierten Frauen. Er ist sogar mit der muslimischen Rechtgläubigkeit in Konflikt geraten, seit er die heilige Überlieferung des Hadith verwirft. Immerhin hatte Qadhafi sein Streitgespräch mit dem eigens aus Rom angereisten Kardinal Pignedoli mit der barschen Erklärung beendet, Muslime und Christen würden zwar den gleichen Gott verehren, sie verfügten beide über die gleiche Offenbarung, die Christen hätten jedoch diese himmlische Botschaft verfälscht. Es sei an der Zeit, daß sie den Propheten Mohammed und dessen Lehre als Siegel der Offenbarung akzeptierten, und schon wäre die religiöse Einheit der Familie des Buches wiederhergestellt.

Sehr viel eindrucksvoller bietet sich Marokko, das alawitische Königreich im äußersten Westen des Maghreb, dar. Hier hat

Oberst Muammar el Qadhafi kam nach einem Militärputsch 1969 in Libyen an die Macht.

König Hassan II. mit viel Klugheit die Zeichen der Zeit erkannt. Marokko sieht sich seit langen Jahren an seiner Südflanke in einen Partisanenkrieg gegen die sogenannte Polisario-Front verwickelt. Es geht um den Besitz der ehemals spanischen Sahara. Der Aufstand der Polisario entspricht in beinahe perfekter Form dem von Ibn Khaldun beschriebenen Kreislauf. Aus der Sahara – präzise aus der Gegend, wo sich heute die Krieger der Polisario sammeln – waren im frühen Mittelalter die Murabitun – im Westen als Almoraviden bekannt – aufgebrochen. Sie hatten im Zeichen der Reinheit des Glaubens eine neue fromme Dynastie in Marrakesch gegründet, ehe auch diese der Verweichlichung und Laxheit anheimfiel und durch einen neuen Aufstand verjagt werden mußte.

König Hassan II., der infolge seiner französischen Erziehung sehr westlich und modernistisch ausgerichtet ist, präsentiert sich bei den Thronfeierlichkeiten im traditionellen weißen Gewand des Befehlshabers der Gläubigen. Er ist in den Augen der Marokkaner König, Sultan und Kalif zugleich. Er verkörpert die höchste isla-

König Hassan II. von Marokko gilt als leiblicher Nachfolger des Propheten Mohammed.

Hunderttausende von Marokkanern setzten sich 1975 auf dem sogenannten »Grünen Marsch« friedlich für die Befreiung der spanischen Sahara ein.

mische Autorität, und auf diesen sakralen Charakter stützt er sich, um seinen Thron gegen die gärende Revolution der Massen zu behaupten.

Die Partisanen der Polisario-Front werden die Dynastie der Alawiten, der König Hassan II. als angeblicher Nachfolger des Propheten entstammt, nicht ernsthaft destabilisieren können. Die Sahara südlich des Atlas ist weitgehend menschenleer. Dem König ist darüber hinaus ein meisterhafter Schachzug gelungen, als er gewaltige marokkanische Menschenmassen – Männer und Frauen, Kinder und Greise – Mitte der siebziger Jahre für den sogenannten »Grünen Marsch« mobiliserte. Im Namen Allahs, den Koran in der Hand, völlig unbewaffnet, haben sich Hunderttausende von Marokkanern durch den Sand der Wüste auf die spanischen Abwehrstellungen des Rio de Oro zubewegt. Gewaltlos haben sie sich den Grenzdurchgang erzwungen. Sie skandierten beim Marsch den Ruf des Heiligen Krieges: »Allahu akbar«.

TEIL III

Die späte Rache Khomeinis

Acht Jahre lang, von 1954 bis 1962, hat Frankreichs Algerienkrieg gedauert. Dieser Feldzug, der eine Konzentration von einer halben Million französischer Soldaten in den nordafrikanischen Departements mit sich brachte, ist heute so gut wie vergessen, aus dem Bewußtsein der Franzosen verdrängt. Dennoch weist er exemplarische Züge auf und ist von einer Studie über die islamische Revolution nicht zu trennen.

Viele der französischen Offiziere, die die südliche Küste des Mittelmeers für Frankreich halten wollten, gefielen sich damals in der Rolle zeitgenössischer Kreuzritter. Die sogenannte »Bataille d'Alger« wurde von den französischen Fallschirmjägern und Sicherheitsorganen mit extremer Härte geführt. Verdächtige wurden gefoltert. Die französischen Militärs klammerten sich an die Illusion, sie könnten acht Millionen Muselmanen des Maghreb in die französische Republik und den westlichen Lebensstil integrieren. Es gehörte die überdimensionale Persönlichkeit de Gaulles dazu, die putschenden französischen Generale von Algier von diesem Irrglauben abzubringen. Am Ende stand der Zusammenbruch des französischen Imperiums in Nordafrika und – was für den Durchschnittsbürger und die Armee am bittersten war – die Vertreibung von einer Million Algerien-Franzosen aus Nordafrika, wo sie teilweise seit über hundert Jahren Wurzeln geschlagen hatten.

Noch vor wenigen Jahren wäre es verwegen gewesen, die Demokratische Volksrepublik Algerien im Zusammenhang mit der islamischen Revolution zu erwähnen. Hier war die französische Kolonialpräsenz eindeutig auf Assimilierung der muslimischen Bevölkerung ausgerichtet gewesen. Ein großer Teil der Städter hatte sogar die arabische Sprache verlernt. Kein Geringerer als der erste Vorsitzende der algerischen Exilregierung, die von Tunis aus den Widerstand gegen die Franzosen leitete, hatte vor Ausbruch der Feindseligkeiten geschrieben: »In der Geschichte habe ich die algerische Nation gesucht, aber ich habe sie nie gefunden.« Tatsächlich war dieses Land im mittleren Atlas ständiger Fremdherrschaft und permanenten chaotischen Wirren ausgesetzt gewe-

Linke Seite: Ruhollah Khomeini hat mit seiner schiitischen Revolution den Anstoß gegeben zu der gewaltigen Erweckungsbewegung, die den ganzen Orient erschüttert.

Der grausame Bürgerkrieg in Algerien dauerte von 1954 bis 1962. Hier patrouillieren französische Fallschirmjäger unter General Massu in Algier.

sen. Bevor die Franzosen ab 1830 mit ihren Truppen Algerien in langwierigen Kämpfen eroberten, hatte sich hier eine oberflächliche türkische Oberherrschaft erhalten.

Wenn Algerien sich in der Folge gegen die Einverleibung in die französische Republik erfolgreich zur Wehr setzen konnte, so war das zweifellos dem islamischen Charakter dieses rauhen Territoriums im Norden Afrikas zu verdanken. Ein Revolutionär der ersten Stunde, der spätere Staatspräsident Ahmed Ben Bella, der als Feldwebel in der französischen Armee gedient hatte und hoch dekoriert worden war, hat viel später seinen Werdegang folgendermaßen definiert: »Zunächst habe ich mich als Moslem empfunden, dann erst als Algerier.« Es ist auch bezeichnend für die enge Bindung dieser früheren maghrebinischen Departements an das französische Mutterland, daß der nationale und religiöse Aufstand nicht in den Bergen der Kabylei oder in der fruchtbaren Ebene der Mitidja keimte. Ein bärtiger Prediger, Messali Hadsch, hatte sich die armseligen algerischen Fremdarbeiter der roten Bannmeile von Paris ausgesucht, um ihnen ihre alte koranische Identität und ein neues Bewußtsein ihrer nationalen Würde zu vermitteln.

Ab 1962 geriet das unabhängige Algerien unter die Herrschaft der eigenen Militärkaste. Das wurde später in großartigen Paraden immer wieder verdeutlicht. Die zentrale Figur in den entscheidenden Jahren des Aufbaus der Algerischen Republik – nach dem Sturz Ben Bellas – war der undurchsichtige Präsident Houari Boumedienne. Dieser scheue und abweisende Mann war zwar streng islamisch erzogen, praktizierte jedoch einen utopischen Sozialismus, der teils auf das sowjetische, mehr noch auf das jugoslawische Modell zurückgriff. Die Emanzipation der Frau stand an prominenter Stelle im Parteiprogramm der »Nationalen Befreiungsfront«, die als Einheitspartei in der Demokratischen Republik Al-

Das Mittelmeer bildet den Trennungsgraben zwischen Europa und dem Maghreb.

gerien das Sagen hatte. In Wirklichkeit blieben viele jener Freiheitsheldinnen, die zur Zeit der Franzosen Bomben gelegt und Attentate verübt hatten, zur traditionell islamischen Lebensweise unter der strengen und exklusiven Herrschaft der Familie verurteilt.

Die Industrieprojekte des sozialistischen Algerien zeichneten sich durch einen fast stalinistisch gefärbten Gigantismus aus.

Die Landwirtschaft wurde weitgehend kollektiviert. Das Resultat war totales Fiasko und wirtschaftlicher Ruin. Der Tod Oberst Boumediennes nach langer Krankheit wurde von vielen Algeriern als eine zweite Befreiung empfunden. Heute sucht die algerische

Oben: *»Islam bedeutet Toleranz.« Demonstration der »Front des islamischen Heils« in Algier.*

Links: *Algerische Frauen demonstrieren für das Tragen des Schleiers.*

Bilanz eines Aufstandes: Hunderte von Toten auf den Straßen von Algier.

Republik nach einem neuen Weg. Das größte Problem ist die demographische Explosion. Von acht Millionen Algeriern bei Kriegsausbruch im Jahre 1954 ist die Zahl der muslimischen Einwohner heute auf fast dreißig Millionen geschnellt. Die jüngere Generation unter dreißig Jahren stellt siebzig Prozent der Bevölkerung. Für die meisten gibt es keine berufliche Zukunft, und der Marxismus, der zeitweilig an den Hochschulen des Maghreb, auch infolge des französischen Einflusses, starken Anhang gefunden hatte, ist nunmehr zur Bedeutungslosigkeit verdammt.

Ein großer Teil der algerischen Bevölkerung und gerade der Jugend sucht heute seine kulturelle und arabische Identität im eifernden Bekenntnis zur islamischen Rückbesinnung. Hier hat die islamische Revolution Khomeinis, so fern und fremd sie von diesem Maghreb-Land aus auch erscheinen mag, großen Widerhall gefunden. Wenn in Algier, einer Stadt, die zeitweilig wie ein südliches Spiegelbild von Marseille wirkte, Hunderttausende von Frauen auf die Straße gehen, um für Einführung des Schleierzwangs und der koranischen Rechtsprechung zu demonstrieren,

In Frankreich leben heute knapp fünf Millionen Einwanderer muslimischen Glaubens.

Freitagsgebet in der Rue du Bon Pasteur, der »Straße des Guten Hirten« in Marseille.

so sind das bedenkliche Warnzeichen für den heutigen Präsidenten Schadli Ben Dschedid, der wie sein Vorgänger Boumedienne aus der Armee hervorgegangen ist und sich um einen liberalen, säkularen Kurs bemüht.

Als im Herbst 1988 eine entfesselte revoltierende Jugend in einer Art »Intifada« auf die Straße ging, hallte auch in der Kasbah von Algier der Kampfruf »Allahu akbar – Allah ist groß!«

Unter den Kugeln der Armee ist dieses Aufbegehren der Jugend noch einmal zusammengebrochen. Hunderte von Toten wurden gemeldet. Aber die regierende »Nationale Befreiungsfront« war dabei außer Atem gekommen, hatte ihren festen Standpunkt verloren. Präsident Schadli Ben Dschedid entschloß sich, auf sein Machtmonopol zu verzichten und bei den anstehenden Kommunalwahlen des Jahres 1990 auch anderen Parteien eine Chance zu geben. Er hatte wohl nicht damit gerechnet, daß die Fundamentalisten der »Front des islamischen Heils« in den meisten Ortschaften die absolute Mehrheit davontragen würden. Für diese Hinwendung der Massen zur strengen koranischen Rechtgläubigkeit war nicht nur das Vorbild Khomeini ausschlaggebend gewesen. Die eifernden muslimischen Prediger aus Ägypten hatten ihre flammenden Aufrufe auf Kassetten gesprochen und nach Algier geschickt. Paradoxerweise haben auch saudische Gelder diese religiöse Bewegung zu einem wesentlichen Teil finanziert. Die Führer der Islamischen Front, an ihrer Spitze der bärtige Scheich Abbassi el Madani und der strenge Demagoge Bel Hadsch, gleichen in ihrem Auftreten, in ihren wallenden Gewändern, mit ihren üppigen Bärten den Mullahs von Teheran. Kein Wunder, daß das Regime von Algier, das sich bislang zu einer überwiegend säkularen Staatsform bekannt hatte, mit den antiamerikanischen Aktionen Saddam Husseins sympathisieren muß, der bei der breiten Bevölkerung ohnehin schon als Volksheld gefeiert wird.

Die Einheitspartei der »Nationalen Befreiungsfront« hatte die Emanzipation der Frau zu einem ihrer wichtigsten Programmpunkte erklärt.

Scheich Abbassi el Madani und seine »Front des islamischen Heils« haben bei den algerischen Kommunalwahlen in den meisten Orten die absolute Mehrheit erreicht.

Die islamische Problematik Algeriens hat heute auf Frankreich übergegriffen. Es handelt sich hier nicht nur um eine Immigrationswelle, es handelt sich um eine Völkerwanderung, und das Bild der provenzalischen Städte am Mittelmeer hat sich in den letzten zwanzig Jahren zutiefst verändert. Nicht mehr Marseille spiegelt sich in Algier, sondern Algier ist in Marseille präsent, drückt dieser Hafenstadt einen zunehmend maghrebinischen Charakter auf. Die Zahl der Einwohner und Zuwanderer muslimischen Glaubens in Frankreich muß heute auf knapp fünf Millionen bemessen werden, und es ist kein Zufall, daß in den französischen Regionen der Mittelmeerküste – von Nizza bis Perpignan – zwischen zwanzig und fünfundzwanzig Prozent der Wähler ihre Stimme der Nationalen Front des Demagogen Le Pen geben.

Rechte Seite: *Gläubige vor der Moschee Aid-el Kabir im 5. Arrondissement in Paris.*

126

Die Frage des islamischen Fundamentalismus ist heute in Frankreich zu einem der brennendsten Themen der Innenpolitik geworden. Die Kundgebungen der chauvinistischen *Front National* sind dafür ein deutliches Symptom. Manchen Spezialisten scheint es sogar, als wären die Gettos der nordafrikanischen Fremdarbeiter in Frankreich Brutstätten jenes religiösen Antagonismus, der in Algerien selbst noch der strengen Kontrolle, gelegentlich der Repression der herrschenden Militärs ausgesetzt ist. Nicht nur faschistisch oder rassistisch angehauchte Franzosen blicken mit bösen Ahnungen auf die Bildung einer massiven exotischen Bevölkerungsgruppe im eigenen Land, die weniger aufgrund ihrer maghrebinischen Merkmale als infolge ihres kompromißlosen religiösen Engagements im Sinne des Koran weder integrierbar noch assimilierbar ist.

In vereinzelten Fällen hat die wachsende islamische Durchdringung Frankreichs die Form terroristischer Attentate angenommen. Noch in jüngster Vergangenheit kam es zu einer Serie von Bombenanschlägen anonymer islamischer Fanatiker, deren Spuren teils in den Maghreb, teils in den Orient verwiesen.

Der französische Verteidigungsminister Chevènement, ein gestandener Linkssozialist, warnt vor einer unheilvollen Konfrontation zwischen der Nord- und der Südküste des Mittelmeeres, zwischen Übervölkerung und Fundamentalismus auf der einen Seite, im Süden, rassistischer und fremdenfeindlicher Abwehrreaktion im Norden. Hier könne sich ein neuer Terrorismus entfalten, meint Chevènement.

Allzu früh hat der Westen über das Scheitern der schiitischen Revolution im Iran frohlockt. Man hatte geglaubt, die Botschaft des Ayatollah Khomeini in die Rumpelkammer der Geschichte verweisen zu können. Ein seltsames Schicksal hat es gefügt, daß ausgerechnet Saddam Hussein, der Diktator von Bagdad, den Khomeini verflucht und dessen Sturz er mit allen Mitteln betrieben hatte, zur Rehabilitierung der Mullahs von Teheran und ihres religiösen Rigorismus so mächtig beigetragen hat. Mit sechzig Millionen Einwohnern, mit seiner strategisch entscheidenden Position zwischen Golfregion und Zentralasien bleibt Persien ein politischer Faktor von großem Gewicht. In Teheran wird dem toten »Imam«, wie Khomeini von seinen Getreuen genannt wird, eine monumentale Grabstätte errichtet, die mit den größten Pilgerplätzen der islamischen Welt rivalisieren kann. Er war nicht müde geworden zu betonen, daß das saudische Königreich, obwohl es den Koran als einzige Verfassung hochhielt, kein islamischer Staat sei. Seine schlimmsten Befürchtungen über die Komplizenschaft der

Eine Serie von Bombenanschlägen erschütterte im Herbst 1986 die französische Hauptstadt. Bei den Attentätern handelte es sich meist um islamische Fanatiker.

arabischen Ölpotentaten mit dem »amerikanischen Imperialismus« haben sich offenbar bestätigt. Die Drohungen, die Verwünschungen, die der greise Ayatollah Khomeini vor seinem Tod gegen die gottlose Führung von Bagdad ausstieß, mögen Saddam Hussein, dem neuen Belsazar von Babylon, wie ein flammendes Menetekel erscheinen.

Wer von islamischer Revolution redet, denkt an diese Phänomene: fanatische Massen, tiefverschleierte Frauen, die die ganze Strenge des koranischen Gesetzes fordern, hysterische, aggressive Frömmigkeit, eine morbide Sucht nach dem Martyrium und ein makabrer Kult mit den Leichen der Märtyrer, der »Schuhada«, die im Heiligen Krieg getötet wurden. Persien mitsamt seiner wiedererstandenen schiitischen Frömmigkeit ist ein schwer verständliches, völlig irrational wirkendes Land.

Selbst unter dem Firnis der Modernisierung, die Schah Moham-

Die Grabstätte von Ayatollah Khomeini ist zum Wallfahrtsort in Teheran geworden.

med Reza Pahlewi mit so großem Aufwand vorangetrieben hatte, war der Iran ein Land des Mysteriums geblieben. Die schiitische Frömmigkeit hat die grauen Lehm- und Zementmauern der persischen Städte mit herrlichen Moscheekuppeln aus Gold und Blumen gekrönt. Die mystische Vertiefung des Glaubens war im Gegensatz zur sunnitischen Richtung des Islam, die keine geistliche Hierarchie kennt, einem fest strukturierten Klerus übertragen. An ihrer Spitze stehen die Ayatollahs, »Zeichen Gottes« in der Übersetzung. Unter den heiligen Männern der Schia findet man Prediger der Entsagung, franziskanische Träumer und Terroristen des Glaubens. Das Leiden, die Passion, die Trauer um die zwölf Imame – die ersten, allein anerkannten Nachfolger Mohammeds – sind das Leitmotiv, das Lebenselement der Schia. Einmal im Jahr, im Trauermonat Muharram, treffen sich die Frommen, um in kollektiven Geißelungszeremonien und Flagellantenzügen das Martyrium des Imam Hussein nachzuvollziehen, jenes Sohnes Fatimas, der Tochter des Propheten Mohammed, der vor 1300 Jahren von seinem Gegenspieler, dem Kalifen Yazid, ermordet wurde.

Rechte Seite: Fromme Schiiten vollziehen im Trauermonat Muharram in kollektiven Geißelungszeremonien das Martyrium des Imam Hussein nach.

Kernstück der geheimen schiitischen Offenbarung ist die Existenz Mehdis, des Zwölften Imam. Vor rund 1100 Jahren verschwand der letzte beglaubigte Imam und Statthalter Allahs im kindlichen Alter von neun Jahren spurlos von dieser Erde. Aber seitdem, so besagt die Schia, lebt der Zwölfte Imam im verborgenen weiter. Er regiert insgeheim die Welt. Jede theologische These und jede politische Entscheidung ist nur legitim und zulässig, wenn sie den Weisungen und Geboten des Zwölften Imam entspricht. Dieser Imam Mehdi wird eines Tages auf die Erde zurückkehren, um das Reich der Gerechtigkeit, des Wohlergehens, den Heiligen Gottesstaat, zu errichten. Niemand kann den Sturz des Schah und die Erhebung Khomeinis begreifen, der nicht um die Sehnsucht des schiitischen Volkes nach der Wiederkehr des verborgenen Zwölften Imam weiß.

Im Jahre 1974 hatte uns Schah Mohammed Reza Pahlewi auf unsere Frage nach seinem Verhältnis zum Islam mit der Terminologie eines aufgeklärten Despoten geantwortet: »Um unsere konsequente Modernisierung, die sogenannte Weiße Revolution, erfolgreich voranzutreiben, haben wir die Politik von der Religion

trennen müssen. So wird es auch bleiben. Denn jedes Mal, wenn die Religion sich bei uns in die Politik eingemischt hat, dann hat unser Land eine sehr schwierige und gefährliche Situation durchgemacht. Am Ende steht der Obskurantismus.«

Der Schah glaubte, sein Volk in der Einheitspartei »Rastakhiz« mobilisieren zu können. Seine Weiße Revolution hatte sich zum Ziel gesetzt, aus dem Iran ein zweites Japan zu machen. Er glaubte, sich auf einen neu geschaffenen Mittelstand von etwa vier Millionen Menschen stützen zu können, um seinen Thron zu wahren, und vergaß dabei, daß das Bürgertum nicht auf die Barrikaden geht.

Persische Mädchen in Uniform bildeten zur Zeit des Schah-Regimes die Vorhut der weißen Pseudo-Revolution. Der Vater Mohammed Reza Pahlewis, der Gründer der kurzlebigen Dynastie, hatte die Frauen noch mit der Peitsche in der Hand dazu bringen wollen, den Tschador, den schwarzen Schleier, abzulegen.

Daneben als Kontrast und als Zeugen einer armseligen Realität, die Nomaden Persiens. Unter dem Zelt der Kaschgai rezitierte ein Knabe seine Lobeshymne auf den damaligen Herrscher Pahlewis,

Links außen: *Reza Pahlewi ließ sich 1967 zum Kaiser krönen. 1971 feierte er in Persepolis das 2500jährige Bestehen des persischen Reiches.*

Links: *Das ehrgeizige Projekt des Schah, den Iran mit seiner »Weißen Revolution« zu modernisieren, scheiterte.*

Rechts: *Ayatollah Ruhollah Khomeini gründete im Exil in Neauphle-le-Château bei Paris 1978 die iranisch-islamische Nationalbewegung.*

133

Oben: *Der arabische »Maschreq« ist das Kernland des Islam.*

Rechts: *Peter Scholl-Latour und Ayatollah Khomeini in Qom, zwei Tage nach der Besetzung der amerikanischen Botschaft in Teheran durch iranische Studenten.*

die in den Ohren der Mullahs wie Gotteslästerung klingen mußte: »Oh, Arm Gottes, du hast unser Land gerettet, den Armen geholfen, unserem Leben einen Sinn gegeben und das Elend beseitigt. Oh, Kaiser, wie schwer mußt du gekämpft und gelitten haben, um aus dem Iran einen neuen Iran zu machen!«

In seinen Palästen empfing der Herrscher, angeblicher Erbe der antiken Großkaiser Kyros und Xerxes, die Würdenträger seines Hofes und seines Regimes. In den Augen der Mullahs und der schiitischen Frömmler, die er anläßlich der Unruhen des Jahres 1963 unerbittlich verfolgt und als Schweine bezeichnet hatte, erschien Mohammed Reza Pahlewi nunmehr endgültig als die Wiedergeburt jenes Kalifen Yazid, der den heiligen Imam Hussein ermordet hatte, als die jüngste Menschwerdung des Bösen, als der neue Satan. Blieb nur noch, auf den neuen Hussein, den Erlöser, zu warten.

In dem französischen Dorf Neauphle-le-Château hatte er sich offenbart, der Erwählte Gottes, der Retter des Islam. Seit fünfzehn Jahren hatte Ayatollah Ruhollah Khomeini im irakischen Exil gelebt. Nicht einmal die Experten kannten ihn. Aber plötzlich strömten die persischen Oppositionellen und Studenten aus ganz Euro-

pa und Amerika zu ihm. Dank seiner geographischen Entfernung im fernen Frankreich wurde er auf seine Weise zu einem verborgenen Imam, zumindest zum Vorläufer, zum Interpreten des mystischen Mehdi. Atheistische und marxistische Intellektuelle, die nach Neauphle geeilt waren, um den alten Prediger als Werkzeug zu benutzen, wurden vom Geist der Revolution und der Frömmigkeit erfaßt. Die Partei Alis, die Schiat Ali, hatte in der Person Ruhollah Khomeinis den neuen Hussein gefunden.

Es war kein Zufall, daß im Dezember 1978, im heiligen Trauermonat Muharram, die islamische Revolution in Teheran zum Durchbruch kam. »Allahu akbar, Khomeini rachbar – Allah ist groß, Khomeini ist unser Führer!« hallten die Schreie von Millionen durch die kalten Steinschluchten von Teheran. Die schiitische Geistlichkeit, die seit fast sechzig Jahren von der Politik ausgeschaltet war, feierte ihre Revanche. Was die marxistischen Kampf- und Oppositionsgruppen nicht vollbracht hatten, das schafften jetzt die bärtigen Mullahs. Sie rissen die Händler des Basars mit sich. Vor allem mobilisierten sie die armen Leute aus den Elendsvierteln von Süd-Teheran, diese »Mustazafin«, diese Enterbten

und Entrechteten, denen die besondere Anteilnahme Khomeinis
galt, als getreueste Gefolgschaft der islamischen Revolution.

Als der Schah – statt sich an die Spitze seiner Soldaten zu stellen – ins Ausland floh, brach auch die iranische Armee, trotz ihres
gewaltigen Panzeraufgebots, wie ein Kartenhaus zusammen. Die
Kaiserliche Garde, die »Unsterblichen«, wie sie sich nannten, wurde durch lächerliche Molotow-Cocktails, durch Sturmgewehre der
Volksfedajin und der linksmuselmanischen Volksmudschahedin
überwältigt. Es war tatsächlich, als sei der Zorn Allahs über diese
Soldaten hereingebrochen.

Am 1. Februar 1979 kehrte Ayatollah Khomeini aus fünfzehn-
jährigem Exil nach Persien zurück. Im Flugzeug Paris–Teheran
verrichtete er das Morgengebet und verneigte sich nach Mekka. Ir-
gendeine Bewegung war ihm nicht anzumerken. Über den Gebir-
gen des Iran, über dem Land Zarathustras, ging die Sonne auf.

Im unteren Passagierraum des Air-France-Jumbos fieberten die
Getreuen des Ayatollah der Heimkehr entgegen. Sie wußten nicht,
ob sie bei der Landung verhaftet oder als Helden gefeiert würden.
Neben den oppositionellen Mullahs warteten islamische Ideologen

Oben: *Im Herbst 1979 besetzen iranische Studenten die amerikanische Botschaft in Teheran.*

Linke Seite: *1. Februar 1979: Ayatollah Khomeini kehrt in den Iran zurück.*

und Revolutionäre auf ihre Stunde. In der Abgeschiedenheit seiner Flugzeugkuppel legte Khomeini letzte Hand an die künftige Verfassung der Islamischen Republik Iran, an das Gebäude des von ihm konzipierten Gottesstaates.

Wenige Wochen später nahm der »Imam«, wie Khomeini nunmehr von seinen Getreuen genannt wurde, die Loyalitätserklärung und Unterwerfung der ehemals Kaiserlichen Armee entgegen. Der greise Imam hatte die Soldaten in die heilige Stadt Qom bestellt. Dort defilierten sie im Parademarsch vor dem Führer der schiitischen Revolution, der sich zum Obersten Befehlshaber der Streitkräfte proklamiert hatte. Khomeini war in der Nachfolge des Propheten ja nicht nur geistlicher Führer und frommes Vorbild, sondern Gesetzgeber und Heerführer, »Amir el Mu'mimin«. Die jubelnde Menge war in Trance geraten. Für sie gab es nur eine Partei, die Partei Allahs, oder auf arabisch »Hizbollah«. Ein Oberst verlas eine Treueerklärung für Khomeini und den Islam. Aber die Militärs, die sich in der Masse aufgereiht hatten, waren wohlweislich entwaffnet. Sie wurden von den fanatischen Revolutionswächtern, den Pasdaran, argwöhnisch gemustert.

Schon an jenem Tag des Triumphes wußte Khomeini vermutlich um seine Einsamkeit an der Spitze des Staates und der Umma. Er kannte die Rivalitäten der Ayatollahs, die Unzulänglichkeit der Pasdaran, die Wankelmütigkeit der Massen. Schon damals erkannte Ruhollah Khomeini, der als Statthalter Allahs auf Erden und Sachwalter des Zwölften Imam seinen Nachfolger weder bestimmen darf noch kann, die Widersprüche, die Ausweglosigkeit seines heiligen und schrecklichen Experiments. Der Konfrontation mit der Supermacht USA begegnete er mit furchterregender Gelassenheit.

Als am 4. November 1979 eine bärtige Schar aufgeregter Jugendlicher die amerikanische Botschaft in Teheran besetzte, ein angebliches Spionagenest des US-Geheimdienstes aushob und die Botschaftsangehörigen als Geiseln festhielt, war in der ganzen westlichen Welt ein Sturm der Entrüstung ausgebrochen. Die jungen Fanatiker hatten ohne direkte Weisung Khomeinis die diplomatische Immunität der Amerikaner verletzt und zu diesem bislang beispiellosen Übergriff ausgeholt. Erst nachträglich hat Khomeini ihnen recht gegeben. Im übrigen wurde darüber gewacht, daß diesen amerikanischen Gefangenen kein körperliches Leid zustieß. Im Irak hat sich inzwischen viel Schrecklicheres ereignet. Etwa zehntausend westliche Ausländer sind dort von Hussein festgesetzt worden. Ein Teil von ihnen wurde, gewissermaßen als menschlicher Schutzschild, in strategische Basen und Rüstungsfabriken entsandt, um Vernichtungsangriffe der amerikanischen Luftwaffe abzuwenden. Gemessen an dem ruchlosen Gewaltmenschen Saddam Hussein, der nur auf seine eigene Macht und auf seinen eigenen Ruhm hinarbeitet, erscheint der grimmige alte Ayatollah aus Qom fast wie ein »Gerechter« im biblischen Sinne. Khomeini war eine alttestamentarische Erscheinung. Vor Hinrichtungen und Züchtigungen ist er nie zurückgeschreckt, wenn er in der Überzeugung handelte, die Feinde Gottes zu strafen.

Schon in seiner Verbannung in Frankreich hatte er die Verfassung der Islamischen Republik Iran ausgearbeitet, die ihm laut Artikel fünf alle politische und geistliche Macht zuspielte. Er trat auf als Stellvertreter jenes verborgenen Imam, bis zu dem Tag, an dem er wiederkehren wird, um das Reich Gottes und der Gerechtigkeit zu gründen. Auf vielen Transparenten stand damals die Inschrift zu lesen: »Oh, Allah, erhalte uns Ruhollah Khomeini bis zur Wiederkehr, bis zur Revolution des verborgenen Imam Mehdi.« Khomeini wollte sich nicht an den Maßstäben westlicher Demokratie messen lassen. Er hatte seine eigene islamische Vorstellung vom

Die Bewohner der Elendsviertel von Teheran waren die treuesten Anhänger Khomeinis.

*Irakische Mittel-
streckenraketen ver-
wüsteten Teile der ira-
nischen Hauptstadt
Teheran.*

*Waffenstillstand nach
acht Jahren Golfkrieg
im Juli 1988.*

Gottesstaat. Er hielt nichts von Pluralismus und politischer Toleranz, auch wenn er in seinem Parlament, in der Majlis, verschiede-
ne Fraktionen zu Wort kommen ließ und sogar andersgläubige Ab-
geordnete dort duldete: drei Christen, einen Juden, einen Zarathustra-Gläubigen. Aber sein oberstes Prinzip in der Politik wie in
der Theologie war der »Tauhid«, die Einheitlichkeit. Die mensch-
liche Gesellschaft war im gottgefälligen Sinn organisiert, wenn ihre Einstimmigkeit die Einzigkeit Allahs widerspiegelte.

Entgegen einer weit verbreiteten Meinung hat nicht der Iran
den Krieg gegen den Irak begonnen. Es waren die Panzerdivisionen Saddam Husseins, die am 22. September 1980 in der persischen
Provinz Khusistan einfielen.

Acht Jahre lang hat der Krieg zwischen Iran und Irak, der sogenannte Golfkrieg, gedauert. Er hat etwa eine Million Menschen-
opfer gefordert. Niemand kennt die genaue Zahl. Der Westen

*Im Golfkrieg mobili-
sierte der Iran das
ganze Volk.*

*Kerbela war das Ziel
der selbstmörderischen
iranischen Offensiven.*

nahm wenig Anteil an diesem entsetzlichen Massaker, und die
sonst so wortstarken Friedensbewegungen verhielten sich seltsam
still.

Den Iranern war es wider Erwarten gelungen, die weit überle-
gene Streitmacht des Präsidenten Saddam Hussein von Bagdad
über die Grenze zurückzuwerfen. Doch in den Sümpfen des
Schatt-el-Arab scheiterte der selbstmörderische Versuch der iranischen Revolutionswächter, die irakische Front zu durchbrechen
und den Weg freizumachen zu den schiitischen Heiligtümern von
Nadschaf und Kerbela.

In Teheran versammelten sich gewaltige Massen, um der stei-
genden Zahl der Opfer zu gedenken. Es kam zu den gewohnten hy-
sterischen Szenen. Die Wut gegen das Ausland steigerte sich, weil
Teheran klar erkennen mußte, daß Amerika und die Sowjetunion
die Arabische Republik Irak nachhaltig unterstützten, um die Aus-

breitung der islamischen Revolution auf die arabische Halbinsel, den Durchbruch des schiitischen Fanatismus bis zum Mittelmeer zu verhindern. Fast alle arabischen Staaten hatten sich ohnehin gegen Khomeini entschieden, fürchteten sie doch um ihre guten Geschäfte mit dem Westen, bangten sie doch um ihre konservativen Herrschaftsstrukturen. Die alte Feindschaft und Mißachtung der Sunniten gegenüber den Schiiten lebte wieder auf.

An Freiwilligen fehlte es nicht. Aber es waren vor allem die Halbwüchsigen, die kleinen »Bassidschi«, deren systematische Aufopferung in den irakischen Minenfeldern die Empörung der Weltöffentlichkeit entfachte. Hatten Khomeini und seine Mullahs gehofft, die überwiegend schiitische, aber arabische Bevölkerung des Irak werde sich mit Teheran solidarisieren und gegen Saddam Hussein aufstehen, so waren sie einer schweren Selbsttäuschung verfallen.

In dem Maße wie der Krieg ohne Entscheidung andauerte, kränkelte Khomeini dahin, zeigte sich dem breiten Volk nur noch im Fernsehen. Dieser Greis war bereits vom Scheitern seiner großen Mission gezeichnet, aber in seiner mystischen Vorstellung war der Fehlschlag des großen göttlichen Unternehmens, ja das Martyrium, nur eine zusätzliche Bestätigung seiner Auserwähltheit im Sinne der stets erneuerten schiitischen Leidensgeschichte.

Die Geißelungen und die Begeisterungsstürme der Getreuen konnten die Tatsache nicht verhehlen, daß das große umstürzlerische Ziel der Khomeini-Revolution zunächst gescheitert war. Noch hieß es in Teheran, der Weg nach Jerusalem führe über Bagdad. Aber an der Front wurde die materielle Überlegenheit der Iraker immer erdrückender, während die iranischen Streitkräfte und Revolutionswächter unter den Sanktionen und der Blockade der Supermächte schwer zu leiden hatten. Als Präsident Saddam Hussein von Bagdad den Todesmut der Iraner mit systematischem Einsatz chemischer Kampfstoffe konterte und die Hauptstadt Teheran mit Mittelstreckenraketen bombardierte, blieb Khomeini keine andere Wahl, als den Waffenstillstand mit dem verhaßten Todfeind von Bagdad zu akzeptieren. Lieber hätte er einen Becher mit Gift geleert, ließ der todkranke Ayatollah verlauten.

Im Evin-Gefängnis, der berüchtigsten Haft- und Folteranstalt Teherans, hat sich der unerbittliche Charakter des Khomeini-Regimes in schrecklicher Form offenbart. Hier waren Oppositionelle des Regimes einer gründlichen Gehirnwäsche und schlimmen Torturen unterzogen worden, ehe sie zu willenlosen Instrumenten, zu »Zombies« einer hemmungslosen Propaganda und Verherrlichung des Imam wurden. In der Strafanstalt von Evin nahm Kho-

meini manche Züge des »Alten vom Berge« an, jenes schiitischen Fanatikers und Terroristen des Mittelalters, der zur Zeit der
Kreuzzüge den ganzen Orient mit seinen Mordbanden in
Schrecken versetzt hatte. Vor allem der Opposition der Volksmudschahedin war in Evin und ähnlichen Einrichtungen das Rückgrat gebrochen worden.

Am 3. Juni 1989 starb Ruhollah Khomeini. Eine beispiellose
Trauerkundgebung demonstrierte die Verzweiflung der Bevölkerung über den Verlust dieser mythischen Figur, dieses Mannes, der
den strengen Richtergestalten des Alten Testamentes ähnlich war.

Die Islamische Republik ist nach dem Verschwinden ihres er-
leuchteten Führers nicht in sich zusammengebrochen. Natürlich ist
der Nachfolgekampf im Gange zwischen dem Staatspräsidenten
Rafsandschani, den man als Pragmatiker darzustellen pflegt, dem
Ayatollah Khamenei, dem geistlichen Führer, sowie jenen höchsten schiitischen Hierarchen, die man die »Ayatollah Uzma«
nennt. Gegenüber dem politischen Realismus, den man Rafsandschani zugute hält, hat sich eine Front der radikalen Verfechter der
militanten Revolution herausgebildet. Diese Richtung sucht sich
auf die Elitetruppe der Revolutionswächter zu stützen und zählt
den einflußreichen früheren Innenminister Mohtaschemi zu den
Ihren.

Ziemlich undurchsichtig bleibt das Spiel des Khomeini-Sohnes
Ahmed. Jedenfalls ist in Teheran nicht die Rede davon, zu einem
säkularen oder demokratischen Staatswesen zurückzufinden.
Beim Freitagsgebet wird das Schwert des Islam, das der Prediger,
der Khatib, als traditionelles Symbol in der Hand hält, durch ein
Schnellfeuergewehr ersetzt.

Der Mythos Khomeini, so hört man aus Teheran, ist nach seinem Tode mächtig gewachsen. Trotz allem Überdruß an der diplomatischen Isolation, trotz einer mäßigen Versorgungslage und
der wirtschaftlichen Stagnation pilgern die Massen weiterhin zum
riesigen Friedhof der Märtyrer, nach Behescht Zahra, wo die Grä-
berreihen kein Ende nehmen. Dort sprudelt auch jener abscheuli-
che Blutbrunnen, rotgefärbtes Wasser, das das Opfer der Gefallenen versinnbildlichen soll.

Der große Anlauf der schiitischen Glaubensgemeinschaft des
Islam ist vorläufig gescheitert. Die Revanche über die sunnitische
Gegenfraktion hat bisher nicht stattgefunden. Aber die Augen der
Erben Khomeinis, der Pasdaran und der glaubenstrunkenen

Folgende Doppelseite: *Im Golfkrieg hatten die iranischen Revolutionswächter stets das höchste schiitische Heiligtum, Kerbela, vor Augen.*

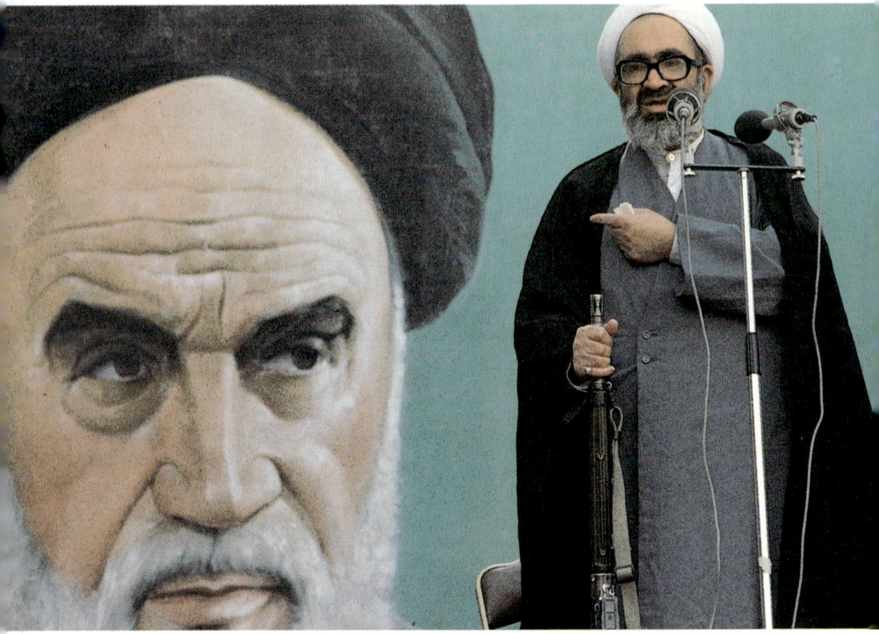

Oben: *Ayatollah Montazeri hatte während des Golfkrieges bei seinen traditionellen Freitagspredigten das Schwert des Islam durch ein Schnellfeuergewehr ersetzt.*

Links: *Das rotgefärbte Wasser des Blutbrunnens soll das Opfer der Gefallenen versinnbildlichen.*

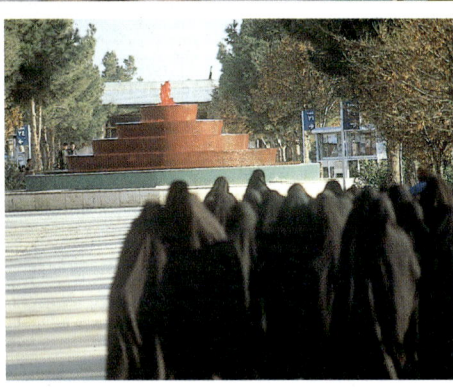

»Mustazafin«, bleiben weiterhin auf die schiitischen Heiligtümer des Irak gerichtet, wo unter den goldenen Kuppeln von Nadschaf und Kerbela die heiligen Imame Ali und Hussein auf die Bestätigung ihrer Botschaft warten.

Rechte Seite: *Haschemi Rafsandschani, Staatspräsident des Iran, gilt als Vertreter eines pragmatischen Kurses.*

Oben: *Endlose Grä-
berreihen auf dem
Märtyrerfriedhof
Beheschte Zahra.*

Links: *In der Provinz
Khusistan begann der
Golfkrieg.*

Seit Saddam Hussein die tödliche Auseinandersetzung mit den
Vereinigten Staaten von Amerika provoziert hat, gebietet der Iran
über eine entscheidende Position in diesem erbarmungslosen Konflikt. Zu den Grundsätzen der schiitischen Lehre gehört das Gebot
des Ketman, auf arabisch heißt es »Taqiya«, das dem Gläubigen

befiehlt, seine innersten Überzeugungen, auch sein religiöses Engagement, vor den Außenstehenden zu verheimlichen. Man kann also davon ausgehen, daß die Mullahkratie von Teheran darauf hinarbeitet, daß ihre beiden Todfeinde, der amerikanische Satan einerseits und der irakische Gottesfeind andererseits, sich gegenseitig schwächen und, wenn möglich, ausbluten. Dann könnte doch noch die Stunde schlagen für die Errichtung eines schiitischen Gottesstaates in jenem Teil Mesopotamiens, wo die Gefolgsleute Alis die große Bevölkerungsmehrheit bilden.

Über der Wüste von Khusistan, wo die erbittertsten Schlachten des Golfkrieges die meisten Opfer forderten, leuchten die gewaltigen Erdgasfackeln und erinnern auf ihre Weise an jene Lehre des Zarathustra, die im Licht und im Feuer die Kraft des Göttlichen und des Guten zu erkennen glaubte. Manches von dieser Botschaft, so wird behauptet, ist unterschwellig in das schiitische Glaubensgut eingegangen, das von der permanenten Auseinandersetzung zwischen göttlichen und satanischen Kräften weiterhin bestimmt ist.

Im Iran hatte eine Schicksalsstunde zwischen Morgen- und Abendland geschlagen. Weiter geht die Sonne auf über Iran, dem Land der Arier. »Also sprach Zarathustra und verließ seine Höhle, glühend und stark wie die Morgensonne, die aus den dunklen Bergen kommt«, heißt es bei Nietzsche. Wer möchte da nicht auch an Khomeini denken, wenn über den verwaisten Begräbnisstätten, den Türmen des Schweigens der letzten Zarathustra-Gläubigen auf den Höhen bei Jazd, das Tagesgestirn aufgeht, Symbol des Guten und des einstigen Lichtgottes Ahura Mazda.

Um bei Nietzsche zu bleiben: Im Iran des Ayatollah Khomeini stirbt Gott nicht an seinem Mitleid mit den Menschen. Allah, der Barmherzige, der Gnädige, Rahman Rahim, der weder zeugt noch gezeugt wurde, ist größer, steht jenseits aller anthropomorphen Eigenschaften, jenseits des Allzu-Menschlichen. Allahu akbar!

TEIL IV

Der neue Tatarensturm

Afghanische Partisanen, Krieger des Heiligen Krieges, vergnügen sich bei einer Rast mit einer Nachahmung des Reiterspiels Buzkaschi. Wer hätte gedacht, daß aus diesen abgelegenen Schluchten des Hindukusch in Zentralasien einmal ein entscheidender Anstoß zur Weltgeschichte kommen würde? Von Afghanistan wird man vielleicht eines Tages sagen können, daß hier die Konfrontation zwischen marxistischer Sowjetmacht und islamischer Revolution zum offenen Konflikt heranreifte, ja daß die Auflösung des russischen Imperiums hier ihren Anfang nahm.

Ende Dezember 1979 hatte die Rote Armee zum Überraschungsschlag ausgeholt und das rückständige Land am Hindukusch besetzt. Es ging der damaligen Sowjetführung darum, der relativ kleinen Gruppe afghanischer Kommunisten, die ein Jahr zuvor gelegentlich eines Militärputsches die Macht an sich gerissen hatte, zu Hilfe zu eilen. Moskau praktizierte in Zentralasien mit einem Aufgebot von gut über hunderttausend Rotarmisten und einem gewaltigen Luftwaffeneinsatz das Prinzip der Breschnew-Doktrin, derzufolge ein zum Sozialismus übergeschwenktes Land diese marxistisch-leninistische Ordnung nicht wieder abstreifen dürfe. Insgesamt wird eine Million russisch-ukrainischer Soldaten ihren Dienst am Hindukusch abgeleistet haben. Die Zahl der Gefallenen in dieser Kampagne, die immerhin acht Jahre gedauert hat, wird auf zwanzigtausend geschätzt. Eineinhalb Millionen Afghanen, so heißt es, hätten bei den Kampfhandlungen und Bombardierungen den Tod gefunden.

Bei der russischen Machtentfaltung mag auch der alte zaristische Traum eine Rolle gespielt haben, über Afghanistan und später Balutschistan bis zum Indischen Ozean vorzustoßen, um sich endlich den Weg zu den warmen Gewässern freizukämpfen.

Der Sowjetmacht gegenüber machte der afghanische Widerstand zunächst eine schwächliche Figur. Aber in diesem unzugänglichen Gebirgsland waren im 19. Jahrhundert schon einmal die kolonialen Ambitionen der Briten blutig gescheitert. Gerade die Zersplitterung dieses Gebirgsstaates in eine Vielzahl von Stämmen, Clanwirtschaften, unterschiedliche Rassen und Feudalab-

Linke Seite: *In Afghanistan, wo die Mudschahedin sich erfolgreich der Roten Armee widersetzten, begann die Zersetzung des sowjetischen Imperiums.*

Links: *Afghanische Partisanen beim traditionellen Reiterspiel Buzkaschi.*

Rechts: *Die Rote Armee konnte in Afghanistan nur die großen Städte kontrollieren. In den unzugänglichen Gebirgsgegenden waren die Mudschahedin überlegen.*

hängigkeiten kam dem Widerstand der Mudschahedin, wie sie sich nannten, zugute. Die wirkliche Triebfeder und Motivation der muslimischen Partisanen war das religiöse Bekenntnis. Ihr Kampflied lautete: »La scharki, la gharbi, Islami – Weder westlich, noch östlich, sondern nur islamisch!« Diese rauhen Krieger können nicht in die üblichen Schablonen des Ost-West-Gegensatzes eingereiht werden. Sie ließen sich zwar über die pakistanische Grenze mit westlicher, vor allem amerikanischer Waffenhilfe ausstatten, um gegen ihre Todfeinde und die Eindringlinge aus dem Norden, die »Schurawi«, zu kämpfen. Aber bei ihren politischen Losungen vergaßen sie nie, auch den Amerikanern, Verkörperung einer materialistischen und gottentfremdeten Gesellschaft, den Tod zu wünschen.

Am Anfang hatten die marxistischen Revolutionäre der Demokratischen Volkspartei sich als kleine, aber verschworene Minderheit stets am Rande der physischen Vernichtung bewegt. In der nordafghanischen Stadt Mazar-e-Scharif, wo angeblich Ali, der Schwiegersohn des Propheten, bestattet ist und die frommen usbekischen Greise sich zum Gebet verneigen, mußten die Partei-

gänger der roten Revolution das Schlimmste befürchten, ehe die Russen kamen.

Bis auf den heutigen Tag ist die afghanische Widerstandsbewegung in zahllose widerstreitende Fraktionen gespalten. Eine besondere Rolle spielt zweifellos der islamische Fundamentalist Guluddin Hekmatyar, der mit seiner Hezb-e-Islami vermutlich über die straffste und wirksamste Organisation verfügt. Hekmatyars Truppe steht für einen radikalen, egalitären Islam, eine völlige Neuformung der Gesellschaft nach dem Vorbild des Gottesstaates, den der Prophet Mohammed in Medina gegründet hatte. Eine solche Ausrichtung mußte natürlich auf den Widerstand der feudalistischen Stammesführer und der in einem abergläubischen Obskurantismus erstarrten Dorf-Mullahs stoßen.

Sammelpunkt der verschiedenen Mudschahedin-Gruppen, denen es mühsam gelang, eine in sich zerstrittene Interimsregierung zu bilden, war die pakistanische Grenzstadt Peshawar. Dort wurden politische Rivalitäten und Intrigen ausgetragen. Den Führern der sieben rivalisierenden Parteien wurden bald auch Korruption und Beeinflussung durch das Ausland vorgeworfen.

Oben: *Afghanistan und die islamischen Sowjetrepubliken.*

Rechts: *»La scharki, la gharbi – Islami – Weder westlich noch östlich, sondern nur islamisch!«*

Unterdessen verselbständigte sich der Widerstand im Inneren des Landes. Im Nordosten Afghanistans, vor allem im heiß um-kämpften Pandschir-Tal, bot der Partisanenführer Ahmed Schah Massud den russischen Elitetruppen, den »Speznaz«, die Stirn. Massud, der bis auf den heutigen Tag über ein großes Einflußge-biet verfügt, das bis zur sowjetischen Grenze reicht, gehört dem Volk der Tadschiken an. Seine Kampftruppe, die weitgehend selbständig operiert, ist beispielhaft für den Zerfall der früher schon sehr theoretischen Einheit Afghanistans.

Eine andere ethnische Gruppe, die sich völlig abseits, quasi in einem eigenen Staat, konstituieren konnte, sind die Hazara. Diese Nachkommen mongolischer Eroberer leben im unzugänglichen Gebirge des Hazaradschat. Sie galten zu der Zeit, als das Staats-volk der Paschtunen in Kabul an der Macht war und sämtliche Mit-glieder der hohen Verwaltung, die Offiziere der Armee und natür-lich auch die herrschende Dynastie stellte, als ausgebeutete Außenseiter, als Tagelöhner, fast als Leibeigene. Erschwerend kam hinzu, daß die Hazara Schiiten sind, während die große Mehr-heit der Afghanen dem sunnitischen Glaubenszweig angehört.

Inzwischen haben sich jedoch diese Nachkommen der Mongolen Dschingis Khans in einer schlagkräftigen Partisanentruppe zusammengeschlossen. Unter härtesten Bedingungen werden sie von ihren zugleich politischen und religiösen Führern auf den Kampf vorbereitet. Natürlich genießen die schiitischen Eiferer die Sympathie ihrer Glaubensbrüder im Iran. Die Revolution Khomeinis hat bei ihnen Leitbilder gesetzt. Im Trauermonat Muharram, in dem die Schiiten ihrer ermordeten Imame und vor allem Husseins gedenken, finden auch hier im Herzen des Hindukusch-Gebirges jene Geißelungsszenen statt, die für das Ritual dieser inbrünstig trauernden Sekte charakteristisch sind.

Afghanistan ist als das Vietnam der Russen bezeichnet worden, ein reichlich oberflächlicher Vergleich. Aber ähnlich wie die US-Army in Indochina mußte die Rote Armee nach einigen Jahren erfolgloser Partisanenbekämpfung feststellen, daß die Verwirklichung ihrer Kriegsziele am Widerstand der stolzen Gebirgsstäm-

Den Mudschahedin gelang es immer wieder, russische Panzer und Flugzeuge zu erbeuten.

Im Februar 1989 beendet die russische Armee ihren Abzug aus Afghanistan. Die letzten Panzer überqueren die Brücke am Grenzfluß Amu Daria.

me gescheitert war. Die russische Kontrolle erstreckte sich lediglich auf die großen Städte. Die entscheidenden Verbindungswege mußten immer wieder freigekämpft werden.

In der Hauptstadt Kabul standen sich innerhalb der marxistischen Regierungspartei ebenfalls widerstreitende Fraktionen gegenüber. Nach einer Serie von politischen Morden setzte sich der frühere Geheimdienstchef Nadschibullah als Partei- und Staatschef durch und gab der weitgehend demoralisierten afghanischen Armee mit brutalsten Methoden neuen Rückhalt. Gleichzeitig erkannte dieser Gewalt- und Machtmensch, daß die kommunistische Ideologie für Afghanistan untauglich war und daß auch er eine Hinwendung zum Islam vollziehen mußte.

In Moskau hatte man seit der Machtergreifung Gorbatschows längst begriffen, daß das afghanische Abenteuer möglichst bald beendet werden mußte. Im Gegensatz zu den Amerikanern und ihrer überstürzten Flucht aus Saigon vollzog sich der sowjetische Rückzug aus Afghanistan jedoch in perfekter Ordnung und Disziplin. Als letzter überschritt General Bobrow die Brücke, die von Afghanistan über den Amu-Daria-Fluß auf sowjetisches Gebiet führt. Er gelobte feierlich, daß die Rote Armee eine solche Demütigung nicht noch einmal auf sich nehmen werde.

Den Aussagen aller Experten zum Trotz ist die Herrschaft des prosowjetischen Staatschefs Nadschibullah, den man als Marionette Moskaus bezeichnet hatte, nach dem Abzug der russischen Streitkräfte nicht zusammengebrochen. Die Regierungsarmee, der von den Mudschahedin auch für den Fall der Kapitulation keine Überlebensgarantie gegeben wurde, kämpft nunmehr mit dem Mut der Verzweiflung. Dennoch bleibt die Lage in Kabul zutiefst angespannt. Das Mißtrauen geht um.

Panzer und Sicherheitsmaßnahmen sind allgegenwärtig. Auch nach der Evakuierung der sowjetischen Streitkräfte wird eine gewaltige Materialhilfe durch den Einsatz sowjetischer Transportflugzeuge und die regelmäßige Entsendung schwergeschützter Konvois gewährleistet. Die Mudschahedin waren aufgrund unzulänglicher Bewaffnung, militärischen Unvermögens und interner Spaltung nicht in der Lage, auch nur eine einzige Provinzhauptstadt zu erobern und zu behaupten. Die Schlacht um Dschalalabad wurde für sie zur Katastrophe. Auch in Kandahar konnten sie keinen entscheidenden Erfolg verbuchen.

Doch all die Versuche der Regierung, eine große nationale Versöhnung unter Nadschibullah zustande zu bringen, blieben vergeblich. Ein mörderischer Hinterhalt in der Umgebung von Herat war typisch für die Unberechenbarkeit dieses Konflikts. Nahe der iranischen und der sowjetischen Grenze sollten angeblich zehntausend Mudschahedin ihre Unterwerfung unter das Regime Nadschibullahs vollziehen. Als äußeres Zeichen dieser Loyalitätserklärung wurden zwei Stiere geschlachtet, während die Stammeskrieger in einem großen Karree angetreten waren. Die hohen Offiziere aus Kabul und der Provinzgouverneur von Herat wurden von den Stammesältesten brüderlich umarmt. Aber kurz danach kam es zum wohlorganisierten Überfall. Eine kleine Gruppe von Partisanen eröffnete das Feuer auf die höchsten Regierungsvertreter und opferte dabei ihr Leben für die Sache Allahs. In aller Eile wurden die Sterbenden und Schwerverwundeten nach Kabul zurückgeflogen. Es war ein Zufall, daß Nadschibullah an diesem Tage nicht persönlich nach Herat geflogen war, um diese angebliche Unterwerfung entgegenzunehmen.

Russen und Amerikaner sind längst übereingekommen, dem sinnlosen Sterben in Afghanistan ein Ende zu setzen. Beide Mächte sind an stabilen Verhältnissen interessiert. Die Schwierigkeit besteht darin, daß eine Einschaltung der Vereinten Nationen am Hindukusch wenig Erfolg verspricht. Hier herrschen ganz andere Verhältnisse als etwa in Südwestafrika, in Namibia, wo unter der blauen Fahne der UNO durch Einsatz kleiner internationaler Polizeikontingente der Übergang zur Unabhängigkeit trotz aller afrikanischen Stammesgegensätze friedlich vollzogen werden konnte. Dort, wo die Rote Armee der mächtigen Sowjetunion versagte, haben natürlich auch die Blauhelme der Vereinten Nationen keine Chance mehr.

Seit dem Sturz des weiblichen Premierministers von Pakistan, Benazir Bhutto, haben in Islamabad wieder die Militärs das Sagen. Vor allem die Sympathisanten des pakistanischen Geheimdienstes ISI neigen den islamischen Fundamentalisten der Hezb-e-Islami des ehrgeizigen Partisanenführers Hekmatyar zu. Russen und Amerikaner hingegen würden eine Machtübernahme gemäßigter

Bei einem Treffen in der pakistanischen Grenzstadt Peshawar konnten sich die Führer der Mudschahedin-Gruppen nicht auf einen gemeinsamen politischen Kurs einigen.

Elemente, möglicherweise eine Koalitionsregierung unter dem früheren König Zaher Schah, bevorzugen. Der Golf-Konflikt, in den die Amerikaner durch die Annexion Kuweits hineingezogen wurden, erhöht natürlich ihre Bereitschaft, den Russen in Afghanistan entgegenzukommen. Beide Supermächte haben auch weiterhin ein Interesse daran, daß der gewaltige islamische Gürtel, der vom Atlantik bis zum Pazifik reicht, nicht extremistischen Fanatikern in die Hände fällt.

Doch in Zentralasien sind die Einwirkungsmöglichkeiten der einen wie der anderen auf ihre frühere afghanische Klientel geschrumpft. Eine gewaltsame Beseitigung des Präsidenten Nadschibullah, so spekulierte der Kreml noch im Herbst 1990, würde das existierende Regime von Kabul in den Abgrund reißen. An dessen Stelle würde vermutlich ein islamisches Chaos entstehen oder eine rigorose islamische Republik, deren Ausstrahlungen nach Sowjetisch-Zentralasien kaum kalkulierbar wären. Die Amerikaner ihrerseits haben versucht, die gemäßigten »Widerstandsgruppen« von Peshawar zu begünstigen. Sie haben auch die Lieferung der zielsicheren, höchst wirksamen Boden-Luft-Raketen vom Typ »Stinger« an die Mudschahedin eingestellt, nachdem sie feststellen mußten, daß manche dieser Waffen in den Iran abgewandert waren. Stinger-Raketen in den Händen von muslimischen Terroristen des Nahen Ostens wären eine tödliche Bedrohung der Luftsicherheit in diesem Raum. Doch die rivalisierenden Fraktionen der Mudschahedin sind bei der Fortführung ihres Heiligen Krieges und der Bruderkämpfe, die sie untereinander ausfechten, nur noch in begrenztem Maße auf amerikanische, saudische oder ägyptische Hilfe angewiesen. Saudi-Arabien hat heute ohnehin andere Sorgen, als Waffen und Freiwillige nach Afghanistan zu schicken. Paradoxerweise wurde eine Truppe von zweitausend afghanischen Partisanen auf seiten der regulären saudischen Streitkräfte in die Wüste geschickt, um gegen die Iraker Stellung zu beziehen.

Diese neue Konjunktur behindert die Bandenführung nur in geringem Maße. Die Landwirtschaft Afghanistans ist durch den intensiven Luftkrieg der Sowjets und der Regierungsarmee weitgehend zum Erliegen gekommen. Statt dessen pflanzen die verbliebenen Bauern große Mohnfelder an, und das Opium sowie das daraus gewonnene Heroin bieten eine Gewähr dafür, daß genügend Geld für die Waffen- und Lebensmittelversorgung übrigbleibt. Schon spricht man – in Anlehnung an das »Goldene Dreieck« der Opiumproduktion im Norden Thailands – von einem »Goldenen Halbmond« am Hindukusch.

Wie gesagt, der Krieg in Afghanistan ist als ein »Vietnam der

Auch nach dem endgültigen Abzug der Roten Armee stehen sich Mudscha-hedin-Gruppen und afghanische Soldaten weiterhin feindlich gegenüber.

Sowjetunion« bezeichnet worden. Auf den ersten Blick haben sich die Russen viel besser aus dem Debakel gelöst, als das seinerzeit die Amerikaner in Indochina vermochten. Dennoch birgt die Afghanistan-Krise für den Bestand der Sowjetunion viel größere Gefahren als das sinnlose US-Engagement in Vietnam.

Mit Abstand betrachtet, erscheint die amerikanische Niederlage in Vietnam als ein Ereignis ohne große geostrategische Folgen. Die vielzitierte Domino-Theorie, derzufolge sämtliche Staaten Südostasiens im Falle eines Sieges der Nordvietnamesen durch eine kommunistische Machtergreifung bedroht wären, hat sich längst als hinfällig erwiesen. Vietnam ist zwar unter der roten Fahne Ho-Tchi-Minhs mit Waffengewalt wiedervereinigt worden, aber es hat sich zum Armenhaus Südostasiens entwickelt und dient den Nachbarn eher als abschreckendes Beispiel. Im übrigen wacht die Volksrepublik China, die traditionelle Ordnungsmacht in diesem Raum, eifersüchtig darüber, daß Vietnam keine regionalen Hegemonial-Ansprüche anmeldet.

Was in Amerika schmerzlich haften blieb, ist das Bewußtsein, einem kleinen, zweitrangigen asiatischen Staat unterlegen zu sein. Diese Demütigung wirkt wie ein Trauma fort und mag vielleicht gewisse Kraftakte der Präsidenten Reagan und Bush erklären, die, unbewußt unter dem Eindruck des Vietnam-Debakels stehend, eine Kompensation suchen und den Beweis erbringen wollen – in Grenada, in Panama und, wer weiß, heute am Golf –, daß die USA weiterhin die unbestrittene Weltführungsmacht geblieben sind und über unerschöpfliche Reserven verfügen.

Der Afghanistan-Konflikt hingegen ist erst ganz allmählich in das Bewußtsein der russischen Bevölkerung eingesickert. Aber dann waren die psychologischen Folgen gewaltig. Schon scheint es, als könne die ehemalige Rote Armee sich von diesem Abenteuer nicht erholen. Vor allem die heimgekehrten Veteranen, die am Hindukusch schwere Prüfungen bestanden hatten, empörten sich über die Mißachtung, die ihnen die kommunistischen Behörden zu Hause zukommen ließen. Afghanistan erscheint wie eine schwärende Wunde an der Flanke der Sowjetunion.

Nachdem die Amerikaner aus Indochina abgezogen waren, lag zwischen ihnen und Vietnam die ganze Weite des Pazifischen Ozeans. Nach der vorbildlich organisierten Evakuierung der sowjetischen Divisionen aus Afghanistan jedoch bleibt dieses blutende, zerrissene, chaotische Land weiterhin ein unmittelbarer Nachbar. Schlimmer noch – auf beiden Seiten der Grenze siedeln die gleichen Völkerschaften: Usbeken, Tadschiken, Turkmenen, Kirgisen. Eine systematische Absperrung und Isolation des sowjetischen Territoriums, wie es noch unter Breschnew praktiziert wurde, ist heute nicht mehr möglich. Es kann nicht ausbleiben, daß der kriegerische islamische Eifer, der sich in Afghanistan behauptet hat, auf die Muselmanen der Sowjetunion in der einen oder anderen Form übergreift.

Das gewaltige euroasiatische Imperium Michail Gorbatschows ist durch die heraufziehende islamische Revolution vor düstere Perspektiven gestellt. In Westeuropa wird die Geschichte des russischen Reiches in den meisten Fällen recht einseitig dargestellt. Für die Russen, so meint man im Abendland, sei die tödliche Bedrohung stets vom Westen gekommen. Am Anfang waren es die katholischen Polen und Litauer, die bis nach Moskau vorstießen. Später kamen die Schweden. Dann waren es die Franzosen unter Napoleon, und schließlich brachen die deutschen Heere zweimal in einem halben Jahrhundert in den russischen Raum hinein. Doch im russischen Unterbewußtsein schlummern ganz andere Erinnerungen und Ängste.

Zweihundertfünfzig Jahre lang hatten die Tataren, deren Schwerpunkt sich an der unteren Wolga befand, sich des gesamten Moskowiterreiches bemächtigt. Kein russischer Fürst konnte ernannt werden, ohne daß der tatarische Großkhan ihm seine Investitur erteilte. Alle russischen Bojaren entrichteten diesen asiatischen, den Mongolen verwandten Eindringlingen ihren Tribut. Für die orthodoxe russische Kirche kam noch der unerträgliche Umstand hinzu, daß diese Tataren sich militant zum Islam bekannten. Erst Iwan der Schreckliche konnte die Tatarenfestung Kazan an der oberen Wolga freikämpfen und entscheidende Siege über die asiatisch-muslimischen Heerscharen davontragen. Die Basilius-Kathedrale auf dem Roten Platz ist in Erinnerung an diese Tatarenfeldzüge von Iwan IV., dem Schrecklichen, erbaut worden, und heute noch – mehr als siebzig Jahre nach der Machtergreifung des atheistischen Kommunismus – strahlen von den Türmen des Kreml die goldenen Kreuze, die symbolisch einen Halbmond durchbohren, als Zeichen des Sieges der russischen Orthodoxie über die Eroberer aus den Steppen Asiens.

Azeri demonstrieren auf dem Lenin-Park in Baku für eine unabhängige Republik.

Deswegen berührt es seltsam, wenn im Jahre 1990 die »Autonome Republik« der Wolga-Tataren, die sich um Kazan gruppiert haben und wo zahlreiche Moscheen das Überleben des koranischen Glaubens bezeugen, ihre staatliche Unabhängigkeit von der russischen Föderations-Republik verlangt, der sie bislang angegliedert war. Das Aufkommen der islamischen Frage ist also nicht nur auf den Kaukasus und weite Teile Zentralasiens beschränkt, wo man bereits vom »weichen Unterleib der Sowjetunion« spricht.

Wie überraschend ist doch diese Entwicklung gekommen. Noch in den sechziger und siebziger, ja Anfang der achtziger Jahre lehnten die meisten westlichen Sowjetspezialisten jede Vermutung grundsätzlich und geradezu entrüstet ab, im Zuge des bevorstehenden Nationalitätenkonflikts im Sowjetimperium müsse sich zwangsläufig auch eine islamische Renaissance abzeichnen. Die professionellen Beobachter waren hier wie so oft mit Blindheit geschlagen. Damals hieß es in den diplomatischen Kreisen der sowjetischen Hauptstadt, die kommunistische Partei habe ihre Völker und vor allem ihre religiösen Außenseiter fest im Griff.

Am deutlichsten sind die rassisch-religiösen Konflikte in Trans-

Links: *Im Januar 1990 besetzten sowjetische Panzer die aserbeidschanische Hauptstadt Baku.*

Rechts: *Iwan der Schreckliche besiegte die Tataren in der Schlacht von Kazan. (16. Jh.)*

Folgende Doppelseite: *Baku proklamiert die Souveränität seiner Republik.*

kaukasien zu erkennen. Dort stehen die christlichen Armenier, seit dem 4. Jahrhundert zum Evangelium bekehrt, in einer unerbittlichen und oft blutigen Auseinandersetzung mit der schiitisch-muslimischen Völkerschaft der Aserbeidschaner, die über eine eigene Sowjetrepublik mit Hauptstadt Baku verfügt. Vordergründig geht es um einen Territorialstreit, um die Enklave Nagorny-Karabagh, die zwar Bestandteil Sowjetisch-Aserbeidschans ist, aber überwiegend von Armeniern bevölkert ist. In der Erdöl-Stadt Baku ist es zu blutigen Massakern und Pogromen unter der dortigen armenischen Minderheit gekommen. Die Aserbeidschaner – ethnisch Azeri genannt – gehören dem großen Verbund der Turk-Völker an, sprechen einen türkischen Dialekt. Natürlich kam in Eriwan die gräßliche Erinnerung an den Völkermord auf, der vor und während des Ersten Weltkrieges auf Weisung des Osmanischen Reiches an der armenischen Minderheit in Ostanatolien vollzogen wurde. Die Azeri der ehemaligen Sowjetunion gehören – wie ihre Stammesbrüder jenseits der Grenze, im persischen Aserbeidschan – dem schiitischen Glaubenszweig des Islam an. Das macht sie besonders anfällig für religiösen Fanatismus.

167

In den meisten Ortschaften dieses sich unwiderstehlich konstituierenden islamischen Staates am äußersten Südrand der Sowjetunion sind die Lenindenkmäler und -porträts längst von den öffentlichen Gebäuden verschwunden. Hingegen hält die Bevölkerung oft genug das Bild des Ayatollah Khomeini hoch, und die früheren Kommunisten verbrennen ihre Parteibücher. In Baku rufen die Muezzin von der Höhe des Minaretts seit langem wieder zum Gebet. Die Stadt Baku war von bewaffneten Azeri vorübergehend besetzt worden, und das Ende der sowjetischen Herrschaft schien bereits gekommen, als russische Sturmtruppen in einer nächtlichen Überraschungsaktion sich der aserbeidschanischen Hauptstadt wieder bemächtigten. Der zwingende Grund dieses militärischen Landungsunternehmens war die Existenz nuklearer Raketensilos, die dort in unmittelbarer Nachbarschaft Bakus eingegraben waren.

Zwischen dem sowjetischen und dem iranischen Aserbeidschan bildet der Arax-Fluß nur noch eine symbolische Grenze. Nach siebzigjähriger Trennung sind die Familienverbindungen wiederhergestellt worden. Natürlich sickert auch schiitisches Propagandamaterial nach Norden ein. Die russischen Grenztruppen und der KGB wachen letztlich darüber, daß keine unkontrollierten Waffentransporte in die Hände der sowjetisch-aserbeidschanischen Milizen gelangen. Dennoch ist die Gefahr groß, daß der ethnisch-religiöse Konflikt zwischen Armeniern und Azeri in Transkaukasien libanesische Verhältnisse heraufbeschwört. Die Kreml-Führung ist sich übrigens bewußt, daß dieser südlichste Außenposten der Sowjetunion von der irakischen Nordgrenze, die jederzeit Schauplatz kriegerischer Verwicklungen werden könnte, nur knapp dreihundert Kilometer entfernt ist.

Es lohnt sich heute, in die Vergangenheit zu blicken, auf den Beginn der achtziger Jahre, als im sowjetischen Zentralasien noch die *Pax Sowjetica* herrschte und die Ordnung des Breschnew-Systems unerschütterlich schien. Damals gehörte fürwahr Mut dazu, die heute in diesem Raum sich abzeichnenden Komplikationen vorauszusagen. Gewiß wurde schon im Jahr 1982 in Samarkand das islamische Mittagsgebet abgehalten. So wie man im sowjetisch beherrschten Europa von einer »Kirche des Schweigens« sprach, konnte man damals in den zentralasiatischen Republiken der Sowjetunion von einem »Islam der Vergessenheit« reden. Die Betenden in den Moscheen der alten usbekischen Kaiserstadt, wo Ta-

Rechte Seite: *Die Mongolen Tamerlans stürmen im Jahr 1398 die Stadt Bhatuir.*

بالا کشیده و فرمان قضا بریان تقاعد یافت که آن خاکسار از رانتقع آبدار گذار اینده و دمان

رزر کارکنار بسر آور زند سیاه ظفرپناه از اطراف و جوانب قلعه کمند ها و طناب برگشت

انداخته یا لا بر آمد ندا اهل حصار آنچه پسران ببو بندز زن و فرزند خود و آتش زده و نسبه

و تو می که دعوی مسلمانی سیکر زند زن و فرزند را ببسند و ار سر بریده نایدند و مرد و بطلا

merlan seine Weltherrschaft ausübte, schienen von Trauer und Resignation umgeben. Es waren vor allem alte Männer, die zum Gottesdienst zusammenkamen und unbeirrt mit ihrem Ruf »Allahu akbar« beteuerten, daß Allah in der Tat größer sei als die erdrückende Sowjetmacht und ihre seinerzeit noch triumphierende Ideologie des dialektischen Materialismus.

Die sowjetischen Filmaufnahmen, die aus diesen fernen Gebieten nach außen drangen, suchten offenbar den Eindruck zu vermitteln, daß die Botschaft des Propheten nur noch die Greise und ein paar Außenseiter erreiche. Aber es war bemerkenswert, daß jeder Usbeke – auch wenn er Mitglied der kommunistischen Partei war – Wert darauf legte, nach islamischem Ritus beerdigt zu werden. Diese Muslime der Sowjetunion wachten auch darüber, daß ihre männlichen Kinder nach koranischer Vorschrift beschnitten wurden. Im Gegensatz zum Christentum in der Sowjetunion stellt die Lehre des Propheten den Angriffen der atheistischen Propaganda nicht nur die Gewißheit des Glaubens, sondern einen in sich geschlossenen Lebensstil entgegen, eine Serie von Verhaltensregeln, die als Brauchtum überlebten, selbst wenn die religiö-

se Praxis vorübergehend verkümmerte. Immer wieder war in Zentralasien zu hören: Nur ein Moslem könne Usbeke, Turkmene,
Kirgise oder Tadschike sein. Die von Stalin definierten National-
itäten in den diversen muselmanischen Teilrepubliken fanden ihre letzte Identität im Gefühl der islamischen Zusammengehörig-
keit. Daran konnte auch der beharrliche Assimilationswille des
russischen Staatsvolkes, des sogenannten »Großen Bruders«,
nichts ändern. Jeder sowjetische Moslem hatte schon zur Zarenzeit
seinen Namen russifizieren lassen müssen. Aus Rachman wurde
Rachmanow, oder Rachmaninow, aus Jussuf wurde Jussupow, aus
Schakim Schakimow.

Im Gegensatz zu den schiitischen Azeri bekennt sich die große
Mehrzahl der rund vierzig Millionen Muselmanen im sowjetischen
Zentralasien zum sunnitischen Glaubenszweig und zur hanefiti-
schen Rechtsschule. Der sunnitische Islam kennt keinen etablierten Klerus, sondern lediglich Vorbeter oder Imame, Muftis,
Schriftgelehrte sowie Ulama und die juristische Funktion des Qua-
di. Die kommunistische Partei hatte eine von ihr gelenkte Kategorie
von Religionsdienern befördert, um eine eventuelle religiöse

Rückbesinnung steuern, gängeln und notfalls unterdrücken zu können.

Seit der Oktoberrevolution war der Islam in der Sowjetunion vielen Prüfungen unterworfen. Der ursprüngliche »National-Kommunismus« der Wolga-Tataren unter Sultan Galiew, der sich panturanisch gebärdete, wurde spätestens ab 1928 von Stalin blutig ausgemerzt. Es begann eine unerbittliche atheistische Kampagne, auf die die Moslems Zentralasiens mit bewaffnetem Widerstand reagierten. Die damaligen Mudschahedin wurden von den Russen als »Basmatschi«, als Räuber und Wegelagerer, bezeichnet. Ihr verzweifelter Kampf dauerte bis in die frühen dreißiger Jahre. Erst der Zweite Weltkrieg zwang Stalin zu einer religiösen Scheintoleranz. Der Islam erlebte eine bescheidene, streng überwachte Wiederbelebung. Nikita Chruschtschow hingegen ließ die Mehrzahl der zugelassenen Gebetshäuser wieder schließen und forcierte die Russifizierung.

Noch vor zehn Jahren wäre ein Vergleich der Verhältnisse im sowjetischen Zentralasien mit der früheren Präsenz Frankreichs in Nordafrika streng verpönt gewesen. Heute drängt sich eine solche Parallele geradezu auf. Sämtliche Sowjetrepubliken mit muslimischer Bevölkerungsmehrheit haben ihre Souveränität proklamiert, tendieren langsam, aber unwiderstehlich auf eine staatliche Unabhängigkeit zu.

Für jeden frommen Muselmanen besteht das zwingende Gebot, jede Form von ungläubiger Fremdherrschaft abzuschütteln, sobald sich dazu die geringste Chance bietet. Notfalls ist zu diesem Zweck der Heilige Krieg das geeignete Mittel.

Wieder drängt sich die Erinnerung an Algerien unter französischer Herrschaft auf. Das schrecklichste, unerträglichste, bedrückendste Problem Frankreichs, als Nordafrika auf Geheiß de Gaulles in die Unabhängigkeit entlassen wurde, bestand in dem Schicksal der dort seit mehr als hundert Jahren siedelnden Europäer. In Algerien waren es etwa eine Million Franzosen, die nach der Gründung der Algerischen Republik den Maghreb fluchtartig verlassen mußten, trotz aller früheren Beteuerungen einer möglichen friedlichen Koexistenz zwischen Christen und Muslimen.

Für Michail Gorbatschow ist das Dilemma im Grunde viel schlimmer als für Charles de Gaulle. Über die verschiedenen muslimischen Teilrepubliken verstreut leben etwa zehn Millionen Russen, Ukrainer, Weißruthenen, von den armenischen, jüdischen und deutschen Minderheiten ganz zu schweigen. Wird es in Zukunft möglich sein, die Koexistenz der Rassen und der Religionen zu gewährleisten in diesen neu entstehenden Staaten, deren Regie

Freitagsgebet in Ufa, der Hauptstadt der autonomen Republik der Baschkiren.

Die Republiken Zentralasiens: Schwerpunkt der islamischen Erneuerungsbewegung.

rungsmehrheit sich auf die koranischen Grundprinzipien ausrichten wird? Schon ist es zu massiven Abwanderungen, vor allem von Juden, Armeniern und früheren Wolga-Deutschen, gekommen. Man denke nur an die Metropole Taschkent, die Hauptstadt Usbekistans, wo ählich wie in Algier zur Zeit der französischen Kolonisation etwa fünfzig Prozent der Bevölkerung asiatisch-muslimisch, die andere Hälfte europäisch und ursprünglich christlich ist.

Vor zehn Jahren war in Taschkent keinerlei rassische oder religiöse Spannung auszumachen, jedenfalls nicht für den oberflächlichen Besucher. Junge russische Pioniere hielten damals Wacht am Ehrenmal der Roten Armee. Sie ehrten die Gefallenen des Zweiten Weltkrieges, darunter viele muselmanische Sowjetbürger. Unter den jungen Pionieren am Denkmal waren die blonden, slawischen Typen in der Mehrzahl. Diese Kinder fühlten sich wohl als die Vorhut einer neuen, modernen Gesellschaft. Aber schon damals dürften die knappen weißen Hosen der Mädchen mit dem Gewehr das islamische Schamgefühl verletzt haben. Der Fortschritt, so scheint es, kam hier im Stil des Parademarsches der jungen Pioniere aus dem Westen.

Nicht weit von Taschkent entfernt entdeckten die Touristen die Ruinen von Samarkand. Hier hat einst die Hauptstadt eines islamischen Weltreiches gestanden. Von Samarkand aus beherrschte der schreckliche Tamerlan nicht nur den größten Teil Asiens, sondern auch das europäische Rußland. Nach einer langen Periode des Zerfalls und der Entweihung werden die Moscheen, Paläste und Koranschulen von Usbekistan wieder restauriert. Zunächst sollten sie nur als Museen dienen, aber inzwischen lassen dort die Mullahs wieder die Suren des Koran ertönen. Hier herrschte die Trauer des Islam, aber auch der Stolz des Islam. Die Korangläubigen Zentralasiens wurden sich angesichts dieser Monumente – denen das moskowitische Rußland nichts Ebenbürtiges entgegenstellen kann – ihrer großen Geschichte, ihrer blühenden Kultur im Mittelalter voll bewußt.

Über die Wirtschaftspolitik der Kommunisten in Zentralasien ist eine heftige Debatte entbrannt. Gewaltige Wüsten- und Steppengebiete sind in den Jahrzehnten kommunistischer Herrschaft bewässert und fruchtbar gemacht worden. Heute wird allerdings darüber gestritten, ob durch diese massive Irrigationsarbeit nicht der Aralsee ausgetrocknet ist, ob die unterirdischen Wasserreserven nicht unwiderruflich verbraucht wurden. Die Baumwolle wurde zur Monokultur, vor allem in Usbekistan. Die unendlichen

Rechte Seite: *Baku 1989: Trauer um die Opfer der blutigen Unruhen.*

weißen Felder erschienen damals als ein positiver, überzeugender Aspekt russischer Zivilisationsarbeit auf den Trümmern alter, vermoderter Feudalsysteme.

Den Emiraten Bukhara und Khiva, die in wirtschaftlicher Stagnation und geistigem Obskurantismus verharrten, hatte die marxistische Revolution – so schien es – Fortschritt und Wohlstand gebracht. Das Kanalsystem, das seit der großen Zeit der Mongolen-Kaiser verfallen war, wurde wiederhergestellt. Zwischen Fergana und Khorezm entstanden blühende Oasen. Oder war dies alles eine Fata Morgana? Dank der Ernte Zentralasiens war die Sowjetunion jedenfalls nach den USA und China der drittgrößte Baumwollproduzent der Welt geworden.

Inzwischen hat ein massives ökologisches Umdenken stattgefunden. Schon wird die Baumwolle als der »weiße Tod« Usbekistans bezeichnet, der die Ackerkrume zerstört und am Ende das Vordringen der Wüste begünstigt.

Zweifellos leben die muslimischen Sowjetbürger weit besser als die Afghanen jenseits der südlichen Grenze, und der Bildungsstand ist – auch wenn er im marxistischen Sinn geprägt wurde – unvergleichlich hoch. Aber die rassischen Gegensätze sind seit der Verordnung der Perestrojka immer krasser geworden.

Es begann in Kasachstan, wo die Muslime durch die massive russische Einwanderungspolitik unter Chruschtschow in die Minderheit gedrängt wurden. Es kam zu blutigen Zwischenfällen im Jahre 1987 in der kasachischen Hauptstadt Alma Ata, als die städtische Jugend gegen die Bevorzugung russischer Parteifunktionäre protestierte. Im Fergana-Tal, im östlichen Usbekistan, brachen Unruhen aus, mit denen niemand gerechnet hatte. Es kam zu Gemetzeln unter Muslimen. Die dort mehrheitlich siedelnden Usbeken fielen über die Minderheit türkischer Meskheten her, die einst im Kaukasus gesiedelt hatten und von Stalin nach Zentralasien verbannt worden waren. Zu ähnlich unerklärlichen Zusammenstößen kam es zwischen Kirgisen und Usbeken. Angeblich ging es um Bodenbesitz und ungelöste Nachbarschaftsprobleme. Die Opfer waren zahlreich. Es kam Panik auf. Die sowjetischen Streitkräfte mußten eingreifen, um diesen Ausschreitungen ein Ende zu setzen. Vielleicht kam es den Zentralbehörden in Moskau gar nicht ungelegen, daß sie hier ihre unentbehrliche Ordnungsmacht demonstrieren konnten. Die großen Prüfungen, die blutigen Konfrontationen stehen zweifellos noch bevor, und die Frage stellt sich natürlich, ob die Kreml-Führung in der Lage ist, ihren koordinierenden Herrschaftsanspruch weiterhin zu behaupten.

Wie plötzlich sich die Verhältnisse geändert haben, läßt sich am

Samarkand war ehemals der geistige Mittelpunkt des islamischen Ostens.

Beispiel des einstigen Direktors der Koranschule von Bukhara, Abdul Kader Gaparow, ermessen, der vor zehn Jahren noch als durch die Behörden autorisierter Sprecher muslimische Besucher empfing. Gaparow war ein weltgewandter Mann, der in Kairo studiert hatte. Seine Antworten klangen kategorisch: »Unsere islamische Religion ist unser Blut«, ließ er zur Zeit der Breschnewschen Stagnation verlauten, »keine antiislamische oder atheistische Propaganda kann unsere religiösen Überzeugungen erschüttern.« Wenn er damals jedoch nach den möglichen Auswirkungen der Revolution Khomeinis auf die Moslems der Sowjetunion gefragt wurde, wich er aus. Er sei kein Spezialist für internationale Fragen, antwortete er. Er sei ein Mann der Religion, und man solle ihm doch Fragen zur Religion stellen, nicht zur Politik. In jener Zeit hatte der Großmufti des sowjetischen Zentralasiens, Ziauddin Babakhanow, zu einer großen panislamischen Konferenz in Taschkent eingeladen, um den Beginn des 15. Jahrhunderts nach der Hidschra zu zelebrieren. Dieses internationale Treffen stand unter dem Motto: »Friede und Freundschaft der Völker.« In Wirklich-

179

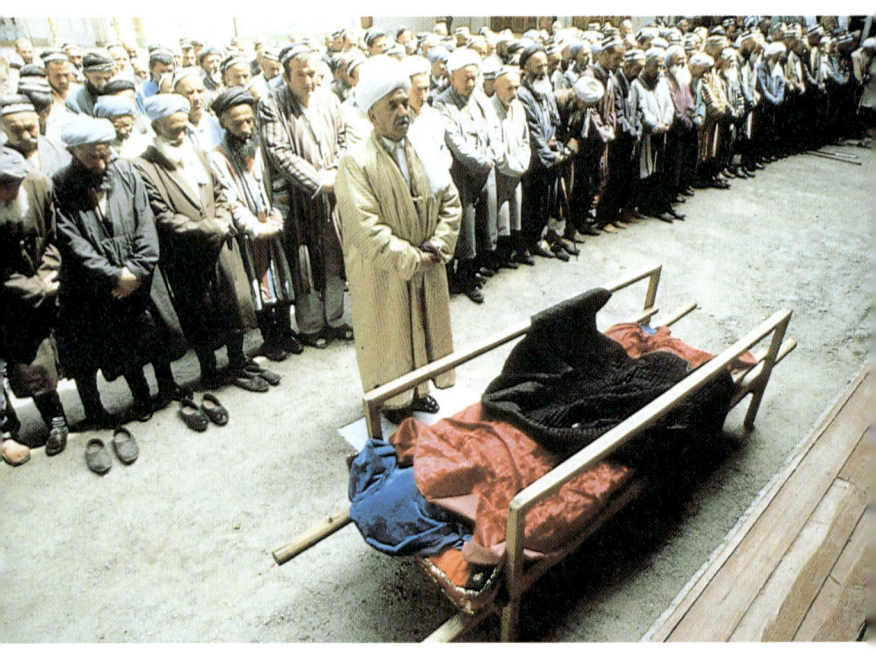

In den Sowjetrepubliken Zentralasiens leben 40 Millionen Muselmanen.

keit sollte hier die sowjetische Aggression gegen Afghanistan gerechtfertigt werden. Bei dieser Gelegenheit ergriff auch Abdul
Kader Gaparow in vorzüglichem Hocharabisch das Wort. Dieses-
mal scheute er sich nicht, über Weltpolitik zu reden. Er prangerte
die amerikanischen Machenschaften im Nahen Osten an. Er ver-
urteilte den israelischen Annexionismus und forderte die Rückga-
be Jerusalems.

An den Karakulmützen und ihren bunten Trachten waren die
muslimischen Würdenträger auch aus den anderen geistlichen
Direktionen der Sowjetunion zu erkennen: die Tataren von Kazan, die Baschkiren von Ufa, die schiitischen Azeri aus Baku, die
Daghestani aus dem Nordkaukasus. Zentrale Figur war in jenen
Tagen noch der bereits erwähnte Großmufti Babakhanow. Vor
dem internationalen Forum der Konferenz scheute er sich nicht,
gegen die nukleare Nachrüstung der NATO in Westeuropa zu po-
lemisieren und die USA anzuklagen, weil sie die »Konterrevolu-
tionäre« in Afghanistan unterstützten.

Diese Zusammenkunft in Taschkent, die noch keine zehn Jahre

zurückliegt, erinnerte auf seltsame Weise an die Konferenz von Baku in Aserbeidschan, die 1920 – ganz zu Beginn des bolschewistischen Regimes – von Lenin einberufen worden war. In jener Zeit glaubte die Sowjetunion noch, den westlichen Imperialismus und Kapitalismus mit Hilfe jener kolonisierten Völker niederringen zu können, die man heute mit dem Sammelbegriff »Dritte Welt« bezeichnet. Die Muselmanen Asiens und Afrikas sollten bei diesem Aufstand der Massen gegen die westliche Vorherrschaft eine entscheidende Rolle spielen. Die frühen kommunistischen Agitatoren von Baku haben sich schwerlich vorstellen können, daß sich ihre antikolonialistischen Appelle siebzig Jahre später gegen die Sowjetunion selbst wie ein Bumerang auswirken könnten, daß der vom Kreml aus dirigierte Vielvölkerstaat unter die Anklage geraten könnte, das letzte koloniale Imperium zu sein.

Heute spielen die manipulierten Muftis und Imame, die mit dem Regime Breschnews kollaborierten, keine maßgebliche Rolle mehr. Seit geraumer Zeit hatte sich ein zweiter Islam in den verschwiegenen Stadtvierteln gebildet, die überwiegend von Usbeken und Tadschiken bewohnt waren, auch in jenen abgelegenen Kolchosendörfern, wo die Arbeitskollektive der sozialistischen Landwirtschaft oft die alten Stammes- und Clanstrukturen der Turkvölker Zentralasiens bewahrt hatten. Abgekapselt vom offiziellen Islam und der geistlichen Direktion von Taschkent übten auf dem flachen Land fromme, korangläubige Männer die Funktion des Vorbeters, des Predigers und religiösen Ratgebers aus. Hier überlebte die geheimnisvolle Welt der religiösen Bruderschaften, der »Tarikat«, der Derwisch-Orden – wie man sie manchmal im Westen nennt. Ein weißer Papierstern über einem Lehmhaus zeigte schon damals an, daß hier ein Knabe beschnitten worden war, äußeres Zeichen für seine Aufnahme in den Bund, den Allah einst mit dem Erzvater Ibrahim geschlossen hatte. Noch ist wenig bekannt über den Parallel-Islam der Sufi und Derwische. Aber die Namen dieser Bruderschaften sind bekannt. Da agitiert die »Nakschbandiya«, die über den ganzen Orient, vor allem auch in Anatolien und im Kaukasus, verzweigt ist. Sie war im 14. Jahrhundert in der usbekischen Stadt Bukhara gegründet worden. Da ist die »Qadiriya«, die bis weit nach Afrika reicht und im 12. Jahrhundert in Bagdad ihren Ursprung nahm. Der bewaffnete Aufstand der Muselmanen gegen den Zaren und dann gegen Stalin war meist von diesen asketischen Eiferern ausgegangen.

Folgende Doppelseite: *Von Samarkand übte Tamerlan seine Weltherrschaft aus.*

Neuerdings sind die Inspiratoren und Wortführer dieses religiösen Untergrunds, die »Murschidin«, in die Öffentlichkeit gegangen. Sie haben in vielen Dörfern und Städten die offiziellen kommunistischen Behörden in den Hintergrund gedrängt. Wo es zu Unruhen kommt, sind diese frommen Imame die autoritätsbewußten und oft einsichtigen Verhandlungspartner der sowjetischen Armee und der KGB-Spezialisten. In der Sowjetrepublik Tadschikistan, so hört man, gibt diese neue islamische Führungsschicht bereits den Ton an und hält übrigens familiären Kontakt zu den nahen Verwandten in Afghanistan.

Die sowjetischen Zentralbehörden unter Gorbatschow haben selbst dazu beigetragen, ihre treuesten Verbündeten in Usbekistan zu diskreditieren und jeden Ansehens zu berauben. Die Macht der »usbekischen Mafia«, die unter Breschnew und seinem Familienclan auf dem Höhepunkt ihres Einflusses stand und sich unglaublich bereicherte, ist zu Ende gegangen. Die Vorsitzenden der Baumwoll-Staatsgüter, die früher mit Orden behängt fabelhafte Ernteerträge feierten und angeblich alle staatlichen Normen übertrafen, gehören der Vergangenheit an. Die Usbeken, die mit etwa vierzehn Millionen Menschen das zahlenstärkste und dynamischste Turkvolk darstellen, dürften den Ausschlag geben, wenn es zur offenen Auseinandersetzung mit Moskau um die Verselbständigung Zentralasiens und die islamische Restauration kommt. Die Slawen der Sowjetunion, deren Bestand stagniert, wissen sehr wohl, daß die Zeit gegen sie arbeitet. Die Muslime des Kaukasus und Zentralasiens vermehren sich im Rhythmus der Dritten Welt. Unter den Rekruten der Roten Armee bilden die Koranglaübigen bereits ein Drittel der Mannschaftsstärke und sind zu Kampfeinsätzen, wie unlängst in Afghanistan, schon gar nicht mehr einsetzbar. Der Kinderreichtum ist die langfristige Geheimwaffe der islamischen Umma gegen alle Versuche russischer Überfremdung. Im Jahre 2000 – falls die Föderation bis dahin noch besteht – werden nahezu achtzig Millionen Muselmanen in der Sowjetunion leben, ein Drittel der Gesamtbevölkerung.

Im Hinblick auf den starken asiatischen Bevölkerungsanteil im Sowjetimperium hatte der französische Staatschef de Gaulle schon in den sechziger Jahren verkündet: »Eines Tages werden sogar die Russen begreifen, daß sie Weiße sind.« Die späte Erkenntnis der führenden Männer des Kreml in diese historische Unerbittlichkeit beschleunigt heute die sowjetische Annäherung an die Vereinigten Staaten von Amerika und bestärkt sie in ihrem Wunsch, Bestandteil eines gemeinsamen europäischen Hauses zu werden.

Der Ausbruch des neuen Golf-Konfliktes zwischen dem Irak

Im Zuge der islamischen Restauration wurden die Moscheen und Koranschulen von Usbekistan erst in den letzten Jahren wieder aufgebaut (Kalyan-Moschee in Bukhara).

und den USA ist eine Warnung an alle Propheten. Die islamische Welt und vor allem die islamische Revolution haben noch viele Überraschungen im Köcher. In Ermangelung von hieb- und stichfesten Prognosen können immerhin einige Feststellungen getroffen werden:

Für die Zukunft des Staates Israel gibt es keine tragfähige Kompromißlösung. Im Umkreis des Heiligen Landes wird auch in Zukunft die Atmosphäre des Heiligen Krieges vorherrschen. Die Muslime spekulieren darauf, daß sie den Judenstaat eines Tages ebenso beseitigen können, wie ihnen das vor sieben Jahrhunderten mit den Fürstentümern der fränkischen Kreuzritter gelungen war. Das Massaker am Tempelberg bestätigt diese Entschlossenheit noch zusätzlich. Die Sowjetunion treibt einschneidenden, schmerzlichen Entscheidungen entgegen. Über kurz oder lang wird sie sich von ihren islamischen und fremdrassigen Republiken trennen müssen, doch die Frage ist völlig ungelöst, was mit der dort

lebenden slawischen Minderheit geschehen soll. Ein zweiter Algerien-Konflikt ungeheuren Ausmaßes zeichnet sich hier ab.

Die USA sind seit der Entsendung eines gewaltigen Militäraufgebots an den Golf und nach Saudi-Arabien zutiefst im islamischen Raum engagiert. Schon wird Washington verdächtigt, in dieser permanenten Unruhezone eine *Pax Americana* errichten zu wollen, um die Förderung und Ausfuhr des schwarzen Goldes zu garantieren und einen permanenten internationalen Krisenherd zu neutralisieren. Auf diesem Wege, so wird bereits unterstellt, wären die USA dank der Kontrolle über die Erdölvorkommen des Orients auch in der Lage, die europäische Staatengemeinschaft und das aufstrebende Japan weiterhin in einer gewissen Abhängigkeit zu halten. Die Amerikaner müssen sich bewußt sein, daß ihr dauerhafter Einfluß im mittleren Orient, falls dieser überhaupt vorstellbar ist, angesichts der unberechenbaren Leidenschaften der islamischen Massen auf eine gewisse Duldung durch die beiden traditionellen Hegemonial-Mächte in diesem Raum angewiesen ist: die Türkei und den Iran. Jeweils sechzig Millionen Menschen und ein großes Wirtschaftspotential verleihen den beiden Staaten ein erhebliches Gewicht. Ankara und Teheran sehen sich vielleicht schon als Garanten einer neuen Ordnung im Orient, deren historische Vorbilder gar nicht so weit zurückliegen.

Schließlich werden die Europäer durch die brodelnden Ereignisse in ihrer unmittelbaren Nachbarschaft berührt werden. Eine fundamentalistische islamische Machtergreifung im Maghreb, im Niltal, vielleicht sogar in Anatolien, könnte jene Völkerwanderung von Süd nach Nord auf dramatische Weise beschleunigen, die unterschwellig bereits in Gang gekommen ist. Der unvergleichliche Wohlstand, der sich in der westeuropäischen Gemeinschaft entfaltet, wirkt fatalerweise wie ein Magnet auf die darbenden Menschen im weiten Umkreis. Andererseits hat die Union des Abendlandes weder im politischen noch im strategischen Bereich auch nur den Ansatz zu jener Kohäsion gefunden, die unabdingbare Voraussetzung für den Bestand ihrer wirtschaftlichen Blüte, ja für ihr Überleben darstellt. Die Freude und Genugtuung über die Wiedervereinigung Europas zwischen West und Ost, die sich so überraschend und friedlich vollzogen hat und fast wie ein Wunder erscheint, wird bereits überschattet durch unkalkulierbare Spannungen zwischen Nord und Süd. Die Pose des unbeteiligten Zuschauers wird auch für das wiedervereinigte Deutschland nicht durchzuhalten sein.

Rechte Seite: *»Gottes ist der Orient, Gottes ist der Okzident«* (*Goethe-Vers aus dem »West-Östlichen Diwan«*).

Die Logik des Krieges

Zu dem Zeitpunkt, da diese Zeilen in Druck gehen, ist am Persischen Golf alles in der Schwebe. Man hüte sich also, das Orakel zu spielen. Eines scheint gewiß: Die »Logik des Krieges« – das Wort stammt von dem französischen Staatspräsidenten Mitterrand – greift bedrohlich um sich. Schon summieren sich die Konflikte.

Die Vereinigten Staaten von Amerika haben eine Streitmacht von rund vierhunderttausend Mann im Sand Saudi-Arabiens zusammengezogen.

Das sind Ausmaße, die an Vietnam erinnern. Eine solche Heerschar – davon muß ausgegangen werden – bietet eine Großmacht nicht auf, um auf unbegrenzte Zeit Gewehr bei Fuß auszuharren. Wäre es nur darum gegangen, die Ölfelder Saudi-Arabiens vor einer zusätzlichen Aggression Saddam Husseins zu schützen, dann hätte die Entsendung von fünftausend US-Marines – zur Abschreckung – vollends ausgereicht. Denn der Machthaber von Bagdad ist zwar ein brutaler Hasardeur, aber keineswegs ein »Irrer«, wie gelegentlich behauptet wurde. Bei dem zynischen Katz-und-Maus-Spiel mit den von ihm festgehaltenen Geiseln hat er sehr geschickt und hinterlistig taktiert. Ganz eindeutig zielt er darauf hin, die bunt zusammengewürfelte Koalition, die sich ihm entgegenstellt, auseinanderzudividieren.

Dem »neuen Nebukadnezar« ist es tatsächlich bei vielen Arabern gelungen, seinen eigenen Willkürakt gegen das Emirat Kuweit hinter einer groß angelegten Kampagne gegen Israel zu kaschieren. Zwar stehen die orientalischen Regierungschefs und Potentaten in der Mehrzahl immer noch hinter den von Washington inspirierten UNO-Resolutionen, aber bei den Volksmassen ist die Sympathie eindeutig zugunsten Saddam Husseins umgeschlagen. Von Algier bis Aden wird er als »Batal«, als Held der arabischen Nation und des kämpferischen Islam, akklamiert. Selbst wenn er und sein Regime im Trubel der Orientkrise untergehen sollten, würde er vermutlich im Bewußtsein seiner Landsleute als »Schahid«, als Märtyrer, weiterleben.

Linke Seite: *Die blutigen Zwischenfälle am Tempelberg in Jerusalem haben entscheidend zur endgültigen Hinwendung der Palästinenser zu Saddam Hussein beigetragen.*

In Israel wird darüber spekuliert, daß der irakische Diktator zu größeren Konzessionen bereit sein könnte, wenn ihm das Wasser bis zum Halse steht. Tatsächlich könnte Saddam Hussein nach der Freilassung aller Geiseln, ja sogar durch die militärische Räumung des von ihm ohnehin domestizierten Kuweit, das Weiße Haus in eine heikle Entscheidungskrise treiben. Wie ließe sich dann ein massives militärisches Vorgehen, dem nach ersten Schätzungen mindestens 10 000 US-Soldaten zum Opfer fielen, noch rechtfertigen? Andererseits würde eine Rücknahme des amerikanischen Expeditionskorps, das unverrichteter Dinge nach Hause käme, höchst bedenkliche Folgen nach sich ziehen. Der Irak Saddam Husseins könnte seine expansionistische Vormachtstellung ungestraft ausbauen. Die Hochrüstung in Mesopotamien würde weitergehen, bis Bagdad über Nuklearwaffen verfügt. Die Voraussetzungen für eine tödliche Auseinandersetzung mit Israel wären dann geschaffen.

Sollte es hingegen zur amerikanischen Großoffensive gegen den

Den Soldaten der amerikanischen Streitkräfte steht die Ungewißheit eines Wüstenkrieges in die Gesichter geschrieben. Werden sie dem Diktator aus Bagdad trotzen können?

babylonischen Herausforderer kommen, wäre zwar die absolute Überlegenheit der US Air Force vom ersten Tag an gesichert; die irakische Panzerarmee würde vermutlich vernichtet, die Republik Irak auseinanderbrechen und Saddam Hussein beseitigt. Aber am Ende einer solchen Militäraktion stände wohl nicht die erhoffte »Pax americana«, sondern ein endloser Partisanenkrieg gegen arabische Nationalisten und fanatische »Mudschahedin«.

Eine überdimensionale »Intifada« würde sich entfachen, der die US-Soldaten auf die Dauer psychisch nicht gewachsen wären. Im Falle einer ohnehin problematischen Friedensregelung wie auch in der Hypothese einer blitzartigen Großoffensive dürfte die Weltmacht USA in diesem heillosen Konflikt am Golf schweren und dauerhaften Schaden nehmen.

Die Versuchung der Amerikaner, sich in den Isolationismus zurückzuziehen, die Rolle des Weltgendarmen endgültig an den Nagel zu hängen, wäre dann riesengroß.

EPILOG

»Mutter der Schlachten«

Wie eine Apokalypse ist am 16. Januar 1991 die Operation »Wüstensturm« über den Irak und Saddam Hussein hereingebrochen. Fünf Wochen lang hat die US Air Force überwiegend militärische Ziele angegriffen und mit unerhörter Präzision zerstört. Daß diesen Bombardements auch zahllose Zivilisten zum Opfer fielen, gehört wohl zu den Schrecken des Krieges. Der Eindruck, daß die westliche Vormacht Amerika ein arabisches Aufbegehren zu ersticken suchte, wird dennoch in weiten Teilen der islamischen Welt haften bleiben.

Der Landkrieg, die »Mutter der Schlachten«, wie Saddam Hussein dieses Ereignis großspurig angekündigt hatte, dauerte nur vier Tage. Dann war die Streitmacht des neuen Babylon, die häufig als viertgrößtes Militärpotential der Welt bezeichnet worden war, unter den Schlägen der alliierten Armeen zusammengebrochen. Saddam Hussein hatte den Fehler begangen, eine halbe Million seiner Soldaten im Raum von Kuweit in starren Verteidigungsstellungen zu konzentrieren. Selbst seine Elitetruppe, die »Republikaner-Garde«, war im Raum von Basra so massiert, daß sie zur Einkesselung durch die amerikanischen, britischen und französischen Panzer- und Luftlandedivisionen geradezu einlud.

In den späten Februartagen des Jahres 1991 hat eine strategische Wende stattgefunden. Zum ersten Mal praktizierte der US-Oberkommandierende am Golf, General Norman Schwarzkopf, eine Strategie der »High Technology«, wie sie weder im Zweiten Weltkrieg noch selbst in Vietnam erahnt werden konnte. Der eklatante amerikanische Sieg hat die Machtverhältnisse in der ganzen Welt verschoben. Die Bedeutung der Europäer, auch wenn sie sich wie Briten und Franzosen als Verbündete bewährten, wurde auf die Rolle von Hilfskontingenten reduziert. Die Deutschen standen am Ende dieses Blitzfeldzuges wenig rühmlich da. Die Unfähigkeit der Bonner Regierung, ihre Bündnisverpflichtungen klar zu definieren, geschweige denn auszuüben, machte all jene Spekulationen zunichte, die dem wiedervereinigten Germanien bereits eine weltweite Rolle zuweisen wollten.

Linke Seite: Wen mag sie verfluchen, das Klageweib in Bagdad, nachdem man ihr das Haus zerstört hat und die Söhne genommen? Kann sie den Sinn der Gewalt begreifen?

Am Thanksgiving Day Ende November 1990 statten George und Barbara Bush den amerikanischen Truppen in Dharan einen Besuch zur moralischen Unterstützung ab.

Unklar und verworren blieben bis zum ersten Tage des Kampfausbruchs die Kriegsziele der Vereinigten Staaten, die sich – soweit wie möglich – auf die Resolutionen des UN-Sicherheitsrates ausrichteten. War nach der Besetzung Kuweits ursprünglich nur von einer präventiven Verteidigung gegen eine eventuelle irakische Expansion in Richtung Saudi-Arabien die Rede, so wurde sehr schnell – und mit Zustimmung der UNO – die »Befreiung Kuweits« zum strategischen Ziel erklärt. Der Auftrag der Weltorganisation an die Amerikaner, die Sicherheit und Stabilität der Region wiederherzustellen, konnte in weitestem Sinne interpretiert werden. Eine erfolgreiche Zangenbewegung gegen die am Schatt-el-Arab massierten Heerscharen Saddam Husseins war ohnehin nur denkbar, wenn die irakische Wüste in das große Umzingelungsmanöver mit einbezogen wurde.

Bis zur letzten Minute hatte das irakische Regime versucht, die Entfesselung einer großen Bodenoffensive durch taktische

Saddam Hussein, oberster Kriegsherr seines Landes, hält sich immer wieder bei seinen Truppen auf, die den unerbittlich harten Kurs mit ihm gemeinsam tragen müssen.

Manöver zu verhindern. Saddam Hussein hatte schon im Januar auf einen schwer verständlichen harten Kurs gesetzt, als er die verschiedensten Vermittlungsangebote – insbesondere auch Präsident Mitterrands – ablehnte, bis zum Auslaufen des amerikanischen Ultimatums am 15. Januar den Rückzug seiner Besatzungstruppen aus Kuwait zuzugestehen und einzuleiten.

Nach vier Wochen eines total ruinösen Luftkrieges, dem die irakischen Kampfflugzeuge ausgewichen und dem die Abwehrsysteme des Irak in keiner Weise gewachsen waren, hatte Präsident Gorbatschow sich mit allen Mitteln der Diplomatie eingeschaltet, um die sich abzeichnende Bodenoffensive der Alliierten doch noch zu verhindern. Wiederum erregte der irakische Diktator durch Winkelzüge und Verschleppungen das Mißtrauen der amerikanischen Führung. Im übrigen waren die Würfel längst gefallen. Zuverlässigen Informationen zufolge hatte Präsident Bush bereits im November 1990 die Entscheidung zur Bezwingung des ira-

195

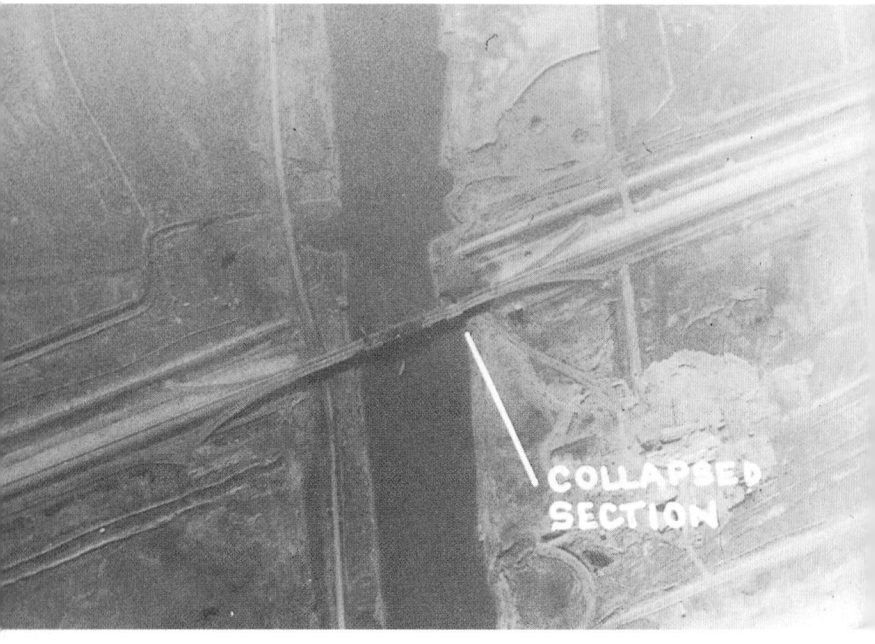

In diesem von Computern bestimmten Krieg ist auch die Zerstörung eines Objekts auf dem Bildschirm zu verfolgen: Eine irakische Brücke im Fadenkreuz des Computers.

kischen Herausforderers gefällt, etwa zu dem Zeitpunkt, als er das bereits am Golf vorhandene US-Expeditionskorps von rund 200 000 Mann um weitere 200 000 GIs verstärkte.

Michail Gorbatschow hat mit seinen Initiativen, die von dem Unterhändler Primakow sachkundig unterstützt wurden, wenig Ruhm geerntet und dürfte auch bei seiner eigenen Bevölkerung den bitter benötigten Prestigezuwachs verfehlt haben. Aus sowjetischen Militärkreisen war zu hören, daß Moskau bei seinen Rettungsversuchen für Saddam Hussein Rücksicht genommen habe auf die Stimmung der 50 Millionen Muslime, die innerhalb der sowjetischen Grenzen leben. Insgesamt war der Ausgang der Schlacht am Golf ein katastrophales Ereignis für die russischen Strategen. Die Iraker waren zu mehr als 80 Prozent mit sowjetischem Kriegsmaterial ausgerüstet, und diese Waffen – auch die hochmodernen Panzer vom Typ T-72 – erwiesen sich der amerikanischen Kriegsmaschinerie gegenüber hoffnungslos unterlegen und veraltet. Darüber hinaus hatten russische Militärexperten bis zur letzten Stunde die irakische Armeeführung bei ihren Verteidigungsdispositionen beraten und angeleitet. Die Frage wurde sogar in westlichen Stäben gestellt, ob die sowjetischen Streitkräfte denn wirklich über jenes erdrückende konventionelle Instrument verfügten, als das die Rote Armee bislang betrachtet worden war. Die Vereinigten Staaten von Amerika gingen aus der Konfrontation am Golf als strahlende Sieger und scheinbar auch als neu bestätigte Weltführungsmacht hervor.

Zu dem Zeitpunkt, da diese Zeilen geschrieben werden, sind die offiziellen Kriegsziele der Vereinten Nationen erreicht, der bewaffnete Konflikt ist beendet. General Schwarzkopf hat wohlweislich darauf verzichtet, bis nach Bagdad vorzurücken, obwohl seine Panzerspitzen sich der irakischen Hauptstadt bereits auf 150 Kilometer genähert hatten. Die US Army hatte zu keiner Zeit daran gedacht, eine militärische Okkupation Mesopotamiens vorzunehmen. Sie wäre dabei unweigerlich in politischen Aufruhr und

Am nachtdunklen Himmel von Tel Aviv in schrecklicher Schönheit ein Raketenangriff.

extreme religiöse Unruhe verwickelt worden. Zudem eignete sich diese Truppe nicht für eine spätkoloniale Rolle, die ohnehin obsolet war. Statt dessen blieb George Bush seinem Versprechen treu, die »Boys« so schnell wie möglich nach Hause zu bringen. Schon Anfang März wurden erste Truppenteile in die Heimat zurückgebracht, wo der Jubel verständlicherweise groß war. Die Schmach von Vietnam war gelöscht.

Diese militärische Selbstbeschränkung, die die Amerikaner sich auferlegten, indem sie bei Nassiriyeh am Euphrat stehenblieben, entzog dem US-Präsidenten jedoch die Möglichkeit, auf die politische Neugestaltung des Irak unmittelbar Einfluß zu nehmen. Zweifellos bleibt es die Absicht des Weißen Hauses, Saddam Hussein, der nach dem Wüten und den Ausschreitungen seiner Soldateska in Kuweit in noch düstererem Licht dasteht als zuvor, aus seiner Machtposition in Bagdad zu verdrängen. Schon lassen die Amerikaner wissen, daß sie sich mit diesem Tyrannen nicht an einen Verhandlungstisch setzen werden und notfalls die Sanktionen der Vereinten Nationen so lange in Kraft lassen, bis das Willkürregime der herrschenden Baath-Partei verschwunden ist. Aber vielleicht bleiben das fromme Wünsche.

So stehen die siegreichen Alliierten Gewehr bei Fuß am Euphrat und am Schatt-el-Arab, während jenseits dieser mesopotamischen Gewässer die sich aufbäumende innere Opposition des Irak Gefahr läuft, durch den bewährten Apparat Saddam Husseins zerschlagen zu werden. Nicht alle Divisionen der »Republikaner-Garde« sind ja vernichtet worden. Diese gefürchteten Prätorianer haben in Basra, der zweitgrößten Stadt des Irak, versucht, den Aufstand der dortigen schiitischen Bevölkerung im Blut zu ersticken. Da das Regime im Norden über weitere 30 Divisionen verfügt, auch wenn deren Ausrüstung bescheiden sein dürfte, bestehen dort für die oppositionellen Gruppen geringe Chancen, durch eine breite Volksbewegung die Macht an sich zu reißen. Die Kurden-Bewegung längs der türkischen und iranischen Grenze, die wohl vorübergehend die Städte Suleimaniyeh und Kirkuk besetzt hatte, wurde zunächst von der regulären Armee ins Gebirge zurückgedrängt.

Das Kernpotential des irakischen Widerstandes gegen Saddam Hussein bleibt auch in Zukunft jene schiitische Glaubensgruppe, die etwa 60 Prozent der Gesamtbevölkerung des Irak ausmacht und seit Jahrhunderten systematisch von der Ausübung irgendwelcher Regierungsgewalt und der Besetzung von Einflußpositionen ferngehalten wurde. Saddam Hussein war gegen diese schiitischen Mitbürger mit äußerster Härte vorgegangen, hatte ihr geist-

Das feuerwerkartige Flakfeuer über Bagdads Nachthimmel läßt erahnen, mit welch massivem Einsatz irakische Flugabwehr den Alliierten Widerstand zu bieten versucht hat.

liches Oberhaupt, Mohammed Baqr es Sadr, öffentlich hängen und die militante Organisation »ed Dawa« nach Kräften ausmerzen lassen. Als nach der vernichtenden Niederlage der irakischen Südarmee der Waffenstillstand abgeschlossen wurde, hatten die Schiiten wohl geglaubt, ihre Stunde habe geschlagen. Sie erhielten diskrete Unterstützung aus dem benachbarten Iran, wo ein hoher Geistlicher aus Mesopotamien, Ayatollah Mohammed Baqr el Hakim, einen revolutionären Befreiungsrat gegründet hat.

Die Amerikaner haben bislang keinen Finger gerührt, um dieser schiitischen Widerstands- und Befreiungsbewegung zu Hilfe zu kommen, obwohl sie – zumindest im südlichen Irak – zweifellos den breiten Volkswillen verkörperte. Die Last der Vergangenheit erschwert weiterhin die Beziehungen zwischen Washington und

Folgende Doppelseite: *In Bagdad versuchen die Männer, ihre Ratlosigkeit zu »überspielen«.*

Teheran. Offenbar möchte das Weiße Haus verhindern, daß die schiitische Revolution des Ayatollah Khomeini gewissermaßen posthum ihre weitgesteckten Ziele verwirklicht, im Zweistromland einen schiitischen Gottesstaat nach dem Muster Teherans errichtet und möglicherweise eine Landbrücke schlägt zu den extrem militanten schiitischen Hizbollahi des Libanon, die weiterhin zum kämpferischen Einsatz bereitstehen. Allerdings droht dabei die Gefahr, daß Präsident Bush den Iran in eine feindselige Haltung abdrängt und in Zukunft mit einem Störfaktor erster Ordnung in der Golfregion rechnen muß.

Bei aller Euphorie, die sich der USA bemächtigt hat, sollten die Gefahren nicht unterschätzt werden, denen ihre neue Friedensordnung ausgesetzt bleibt. Die Passivität der US Army gegenüber den internen Turbulenzen des Irak führt möglicherweise zu einem neuen Erstarken des Baath-Regimes und – wer weiß – Saddam Husseins. Dieser Mann hat bewiesen, daß er ein Überlebenskünstler ist und vor keiner Grausamkeit der Repression zurückschreckt.

Es klingt recht naiv, wenn die amerikanischen Vorschläge für eine neue Ordnung an demokratische und prowestliche Kreise im Irak appellieren. Sämtliche Oppositionsgruppen sind von den Geheimdiensten Saddams ohnehin gelichtet oder ganz ausgerottet worden. Jene irakischen Exilpolitiker, die sich in Damaskus, in Kairo oder in Riad versammeln, repräsentieren oft nur sich selbst und sind in mindestens 17 rivalisierende Gruppen zerfallen, von den sunnitischen Fundamentalisten bis hin zu den Kommunisten. Zu einem Umsturz in Bagdad sind sie keineswegs in der Lage, so daß die Versuchung für die Pragmatiker beim CIA und im US State Department groß ist, den irakischen Machthaber mit Hilfe

Links außen: *Ein ame-
rikanischer Soldat – im
Schutzanzug – unter-
sucht eine irakische
Scud-Rakete.*

Links: *Tägliches Leben
in Tel Aviv: Gasmas-
ken und dahinter die
Angst.*

Rechts: *Die Angst war
begründet, denn
tatsächlich schlug eine
Scud-Rakete bei Tel
Aviv ein.*

seiner eigenen Offiziere aus dem Weg zu räumen. Ein solcher Militärputsch entspräche durchaus den blutigen Traditionen des modernen Orients und insbesondere des Irak, würde jedoch ein Regime von Generalen installieren, die an den Grausamkeiten der
Vergangenheit unmittelbar beteiligt waren und keinerlei Gewähr
für eine halbwegs pluralistische Entfaltung böten. Schon denkt
man an jenen afghanischen Staatschef Nadschibullah, der wider alle Erwartungen den Abzug der sowjetischen Streitkräfte überdau-
erte und sich dank der Zerstrittenheit der dortigen Widerstands-
organisationen weiterhin in Kabul an der Macht hält. Es existiert
übrigens eine frappierende physische Ählichkeit zwischen Saddam
und Nadschibullah.

Niemand kann zur Stunde sagen, wie die Zukunft des Irak aus-
sehen wird. Die Prognosen schwanken zwischen der Etablierung
einer Militärdiktatur, die sich weiterhin auf die allgegenwärtigen
Sicherheits- und Spitzeldienste stützen würde, oder dem Ausbruch
eines Chaos, das möglicherweise doch noch zur territorialen Auflösung dieser künstlichen Staatsschöpfung aus der britischen Man-
datszeit führen könnte. Eine entscheidende Rolle dürften in ab-
sehbarer Zeit sowohl die benachbarten Türken als auch die Perser
spielen, die bei den bisherigen amerikanischen Vorschlägen kaum
berücksichtigt wurden. Saddam Hussein hatte von der »Mutter der
Schlachten« gesprochen, und da drängt sich das wohlbekannte
Brecht-Zitat auf: »Der Schoß ist fruchtbar noch, aus dem das Unheil kroch.«

Mit der Ambition, im gesamten orientalischen Raum kollektiven Frieden und eine neue Ordnung zu propagieren, hat George
Bush ein traditionelles amerikanisches Sendungsbewußtsein

Auf Lastwagen werden die Leichen der bei der Bunkerszerstörung von Amaria umgekommenen Iraker abtransportiert, hinter dem Zaun drängen sich die Angehörigen.

neu erlebt. Er nimmt im Grunde die Tradition wieder auf, die Woodrow Wilson nach dem Ersten Weltkrieg mit der Gründung des Völkerbundes, Franklin D. Roosevelt während des Zweiten Weltkrieges mit dem Projekt der Vereinten Nationen gepflegt hatten. Schon wird der Rolle der Vereinten Nationen in übereilten Kommentaren eine Bedeutung beigemessen, die die Weltorganisation in Zukunft gar nicht wahrnehmen kann. Die Einstimmigkeit im Sicherheitsrat, der die alliierte Militäraktion am Golf bis zum Ende der Kampfhandlungen recht und schlecht abgesegnet hatte, war wohl nur ein Ausnahmephänomen. Die Sowjetunion war aufgrund ihres inneren Zerfalls nicht in der Lage, gegen Amerika Front zu machen, und die Volksrepublik China, die sich übrigens bei den letzten Voten der Stimme enthalten hat, nutzte die Verwicklung Washingtons in die Orientkrise, um aus jener wirtschaftlichen und politischen Quarantäne auszubrechen, in die sie nach dem Massaker am »Platz des himmlischen Friedens« geraten war.

Für eine dauerhafte Bereinigung akuter Konflikte taugen die Blauhelme der UNO nicht, wie so mancher Präzedenzfall am Kongo, am Sinai, im Libanon gezeigt hat. Da die Amerikaner ihrerseits keine permanente eigene Heerespräsenz am Golf ins Auge fassen, sondern allenfalls die Entsendung von Kriegsschiffen und Kampfflugzeugen, spricht man bereits von der Konstituierung einer multinationalen arabischen Friedenstruppe. Seltsame Kombinationen schießen ins Kraut. So wird eine »Sechs-plus-zwei-Formel« diskutiert, die ein Minimum an Stabilität gewähren soll. Es handelt sich dabei um die sechs Golfstaaten – Saudi-Arabien, die Emirate, Bahrein, Qatar, Oman und Kuweit – auf der einen, Ägypten und Syrien auf der anderen Seite. Man braucht kein Experte zu sein, um zu wissen, wie gespannt und mißtrauisch die Beziehungen zwischen Kairo und Damaskus – trotz der gemeinsamen Teilnahme an der UN-Mission am Golf – geblieben sind. Im übrigen scheint es, als würde man mit der Berufung Syriens als Friedensstifter den

Das friedvolle Bild täuscht: Das spiegelnde Wasser vor der Moschee in Bagdad ist eines der vielen Wundmale des Krieges, es gehört zu einem Bombenkrater mitten in der Stadt.

Bock zum Gärtner machen. Bei der Bereinigung der schwelenden Konflikte im Orient werden die Amerikaner sich wohl oder übel auch dem Libanon zuwenden müssen. Dort agiert der syrische Präsident Hafez el Assad jedoch in ähnlicher Weise als Besatzer wie Saddam Hussein in Kuweit. Was Ägypten anbetrifft, so hat der dortige Staatschef Hosni el Mubarak zwar einen erstaunlichen Mut bewiesen, indem er sich – trotz des Rumorens im eigenen Lande und vor allem bei der Jugend – resolut auf die Seite der Amerikaner schlug. Schon wird die Regierung von Kairo mit großzügigen Militärlieferungen und Milliarden-Krediten aus USA bedacht. Dabei sollte man bedenken, daß auch im Niltal, wie die Vergangenheit lehrt, Militärputsche durchaus nicht auszuschließen sind und daß vielleicht eines Tages in Kairo ein Diktator über dieses zusätzliche Rüstungspotential verfügen könnte, der dem Westen weit weniger freundlich gesonnen wäre.

Der entscheidende Test, das wahre Dilemma wird sich für die

Eine der sieben Brücken Bagdads, die Jumhuriya-Brücke, wurde von den Alliierten gezielt bombardiert und zerstört (siehe das Computer-Luftbild Seite 196).

Am Montag, dem 25. Februar, gilt die irakische Armee als geschlagen. Mit dem Koran in der Hand ergeben sich die Soldaten.

amerikanische Diplomatie bei dem Versuch einer Lösung der Palästina-Frage auftun. Während des Krieges gegen den Irak hat der Judenstaat, der von zahlreichen Scud-B-Raketen getroffen wurde, eine bemerkenswerte Zurückhaltung geübt. Gewiß, die menschlichen Verluste und die materiellen Zerstörungen in Tel Aviv und Haifa blieben äußerst gering, aber die israelische Armee hat darauf verzichtet, ihre übliche Vergeltungsstrategie einzusetzen, um die amerikanisch-arabische Koalition gegen Bagdad nicht zu gefährden. Die Israeli dürften dennoch nicht vergessen haben, daß fast in der gesamten arabischen Welt die Massen hellauf gejubelt haben, als Saddam Hussein seine Geschosse recht und schlecht ins Ziel brachte. Bei aller Anerkennung für die technische Perfektion und die unbestreitbare Abschreckungswirkung des amerikanischen Sie-ges über den Irak darf nicht vergessen werden, daß die Völker der Arabischen Liga, ja des gesamten Islam, sich in ihrer großen Mehrzahl für Saddam Hussein begeistert haben, daß sie in diesem Tyrannen, dessen Untaten weithin bekannt waren, einen Rächer der Arabischen Nation und einen Helden des Islam verehrten. Bei den Demonstrationszügen, die sich vor allem in Jordanien und im Maghreb formieren konnten, wurden stets Nachbildungen von irakischen Raketen mitgeführt. Gruppen von Jugendlichen skandierten aggressive Sprüche: »O Saddam, unser Liebling, schlag doch, schlag doch auf Tel Aviv!« – oder: »Es gibt keinen Gott außer Allah, und Saddam ist der Liebling Gottes!« – »la illaha illa Allah wa Saddam habib Allah!«

Solche Kundgebungen, die oft Ausdruck lang angestauter Frustration sind, sollten im Orient nicht überschätzt werden. Für König Hussein von Jordanien, der sich zu Beginn des Konfliktes in bedenklicher Weise der irakischen Position angenähert hatte, war

An der Straße nach Basra erhält man ein eindrücklich grausames Bild von den Verwüstungen, die ein Krieg anrichtet, von dem Elend, das er hinterläßt.

es ein Akt der Selbsterhaltung, daß er die Welle der Sympathie, die bei seinen Untertanen dem irakischen Staatschef zubrandete, gewähren ließ und sogar persönlichen Nutzen daraus zog. In jenen Stunden der extremen Gefährdung war der haschemitische Monarch von Jordanien auch bei seinen überwiegend palästinensischen Untertanen zeitweilig beliebter als Yassir Arafat. Der PLO-Führer, der sich von Anfang an mit dem irakischen Diktator in spektakulärer Weise solidarisiert hatte, stand ebenfalls unter dem Druck seiner Anhänger, deren Gefolgschaft er zweifellos verloren hätte, wenn er eine kompromißbereite Haltung zwischen den Fronten bezogen hätte. Hingegen haben Yassir Arafat und die derzeitige PLO-Führung sich als unfähig erwiesen, ihre Versprechungen einzuhalten. Sie waren nicht in der Lage, mit nennenswerten Kräften die verbündeten Iraker zu unterstützen. Es blieb bei ein paar kläglichen Katjuscha-Überfällen auf Nord-Galiläa, und selbst diese Scharmützel wurden von den syrischen Okkupanten des Libanon sehr schnell unterbunden.

Das Königreich Jordanien ist zwischen Hammer und Amboß geraten. König Hussein muß um die Existenz seines Thrones bangen. Schon geht in Amman das Gerücht um, der amerikanische Friedensplan sehe vor, das Königreich Jordanien, wo 70 Prozent der Einwohner palästinensischer Herkunft sind, zum eigentlichen Palästinenserstaat auszurufen, ihm ein paar Fetzen entmilitarisierten Territoriums auf dem Westufer des Jordans beizufügen und somit die Rolle der haschemitischen Dynastie überflüssig zu machen. Gegen solche Intentionen stemmt sich die Masse der Palästinenser, die – in seltsamer Mimikry und in tragischer Umkehrung der Verhältnisse – nunmehr ihrerseits Palästina als ihr »Gelobtes Land« betrachten, auf dessen totale Rückgewinnung nicht verzichtet werden kann.

Das Ansehen Israels in den USA, das durch die Niederkämpfung der »Intifada« stark lädiert war, ist in Amerika gewaltig gestiegen, seit sich der Judenstaat als absolut verläßlicher und diszi-

Einen Tag nach der Befreiung können die Kuweitis nur ihrem Gott oder ihren Befreiern danken. Der Schatten Husseins wird jedoch noch lange auf dem Emirat lasten.

plinierter Verbündeter erwiesen hat. Für Konzessionen ist in Jerusalem nicht viel Raum. Auch bei den Liberalen in Israel dürfte wenig Neigung bestehen, durch eine Preisgabe des Westjordanlandes den Feind gewissermaßen unmittelbar vor der Haustür zu installieren. Die Scud-B-Raketen Saddam Husseins, die solche Begeisterung bei den arabischen Massen auslösten, haben im Unterbewußtsein der Israeli tiefe Spuren hinterlassen. Im Kampf um das Heilige Land kann von Versöhnung kaum die Rede sein, wie wir in den vorhergehenden Kapiteln ausführlich dargelegt haben. Die doppelte Forderung des Westens – Existenzgarantie für Israel einerseits, Selbstbestimmungsrecht der Palästinenser mit dem Ziel der Schaffung eines eigenen Staates andererseits – läuft im Grunde auf die Quadratur des Kreises hinaus. An dieser Problematik sind schon andere Vermittler gescheitert als der US-Außenminister James Baker, der seine lange Pilgerreise in den Orient aufgenommen hat.

Zunächst ist die Freude über das Ende der Kämpfe und die Befreiung Kuweits groß – die Gewißheit über das gewaltige Ausmaß der Schäden kommt später.

Von dem unsagbaren physischen und psychischen Druck der Kriegssitua-
tion befreite, aber müde und nachdenkliche Gesichter zeigen die amerikani-
schen Soldaten.

Die »Pax Americana«, die von Präsident Bush propagiert wird,
hat paradoxerweise zur Stärkung der reaktionärsten und konser-
vativsten Systeme der Region geführt. Es fällt dem Emir von Kuweit, Dschabar as Sabah, äußerst schwer, ein Bekenntnis zu demokratischen Reformen abzulegen, geschweige denn sie einzuleiten.
Im »befreiten« Kuweit sind beunruhigende Symptome aufgetre-
ten. Die dort lebende palästinensische Kolonie – früher fast
400 000 Menschen stark – hatte weitgehend mit den irakischen Be-
satzern kollaboriert. Jetzt bekommt sie die Rache der Einheimi-
schen zu spüren, und manche reden bereits von der Möglichkeit eines neuen »Sabra und Schatila«, eines Massakers an den Palästinensern, auf kuweitischem Boden. Sogar örtliche Oppositionspo-
litiker sind durch Todesschwadronen ermordet oder schwer verletzt worden. Kurzum, die Toleranz hat am Golf keine Fortschritte gemacht. Wie sollte man sich auch vorstellen, daß das König-

Durch die gewaltigen Rauchschwaden von den brennenden Ölfeldern ist der Himmel über Kuweit City auch am Tage schwarz, und die Stadt sieht aus wie verdunkelt.

reich Saudi-Arabien zur parlamentarischen Demokratie hinfindet, wo doch in diesem Land der Koran die einzige Verfassung und das einzige Gesetzbuch bleibt. Wer wird so naiv sein, anzunehmen, daß die saudischen Prinzen und die anderen Potentaten der Golf-Emirate ihre unermeßlichen Petro-Reichtümer mit den darbenden Massen des Niltals teilen wollen! Präsident Bush will einer buntgescheckten arabischen Friedenstruppe die Aufrechterhaltung von Ruhe und Ordnung in den umstrittenen Regionen überantworten. Solche Experimente sind in der Vergangenheit stets negativ verlaufen. Die inhärenten Rivalitäten und Feindschaften zwischen den unterschiedlichen Systemen und den eifersüchtigen Machthabern sind kaum zu überbrücken.

Der amerikanische Triumph am Golf wird nicht lange anhalten. Ernüchterung wird folgen. Allzuviele Araber haben Saddam Hussein als Helden und Rächer verehrt. Man kann sich auf die orientalische Neigung zur Legendenbildung verlassen, wenn es darum geht, aus diesem blutrünstigen Gewaltherrscher nachträglich einen Märtyrer der arabischen und islamischen Sache zu machen.

Der Westen sollte sich davor hüten, die Loyalitätsbekundungen jener arabischen Regierungen, die sich auf seiten Amerikas eingereiht haben, mit einem Treuebekenntnis der dort lebenden Völker zu verwechseln. Schon geht das Gerücht um von der weltweiten, imperialistisch und zionistisch gesteuerten Verschwörung – auf arabisch »Muamara«. Die Massen gefallen sich in der extravaganten Ausmalung dieser Komplotte. Eine lokale Ordnungsmacht ist zur Zeit nicht in Sicht. Jeder europäische Vermittlungsversuch, jede Gesundbeterei, wie sie vor allem den Bonner Politikern sehr leicht von der Zunge geht, sind unvereinbar mit den harten Realitäten dieses Raumes. Schon sagen einige Zyniker, man solle doch den Orient in seinem eigenen Saft schmoren lassen, zumal die Gefahr einer tatsächlichen Bedrohung aus dieser Region seit dem irakischen Zusammenbruch bis auf weiteres geschrumpft sei.

Bemerkenswerte Kräfteverschiebungen haben stattgefunden in diesen tragischen Wochen der Auseinandersetzung. Die Völker des Maghreb, die Nordafrikaner, haben weit heftiger gegen die amerikanische Intervention am Golf protestiert als die arabischen Völker des Orients, des Maschreq. Natürlich haben die Marokkaner, die in Rabat und Casablanca zu Hunderttausenden auf die Straße gegangen sind, den Irak-Konflikt und das Wiederaufflammen der Palästinafrage auch zu einer innenpolitischen Demonstration gegen die Selbstherrlichkeit des eigenen Königs, Hassan II., genutzt.

Doch im benachbarten Algerien ist die »islamische Heilsfront« seit zwei Jahren die stärkste politische Gruppierung. Mag sie in der Vergangenheit auch durch großzügige saudische Zuschüsse begünstigt worden sein, in der Stunde der Bewährung standen diese engagierten Islamisten auf seiten Saddam Husseins und nicht des Königs Fahd. Die erdrückende Übermacht und die Effizienz der Amerikaner haben zweifellos imponiert.

Aber diese Hegemonialstellung, die die USA nun wieder beanspruchen können, nährt andererseits ein bitteres Ressentiment und eine schwelende Wut. Im Elysée-Palast von Paris ist man sich sehr wohl bewußt, daß der Einsatz einer französischen Division auf seiten der Amerikaner im Kontext der Atlantischen Allianz und der westlichen Solidarität unverzichtbar war. Dabei ist jedoch eine Kluft aufgerissen zwischen Frankreich und jenen Maghreb-Staaten, die mit der früheren Kolonialmacht in vieler Hinsicht eng ver-

Folgende Doppelseite: *Freudentaumel in Kuweit City nach der Befreiung.*

bunden blieben. Schon empfinden viele Franzosen die in ihrer Metropole lebenden Nordafrikaner als potentielle Fünfte Kolonne.

Am Golf hat eine Stunde der Wahrheit geschlagen. Das Zusammenspiel zwischen Moskau und Washington wurde als ein immer noch prekäres Zweckbündnis entlarvt. Die Vereinten Nationen haben in den Augen der arabischen Nationalisten und der Islamisten ihr bisheriges Prestige eingebüßt, seit sie – den Anschuldigungen der koranischen Prediger zufolge – zum willfährigen Instrument der USA herabgesunken sind. Die Volksrepublik China wird bei jeder Form von Friedensregelung im Orient ihr überdimensionales Gewicht einbringen und kann nicht mehr als »quantité négligeable« behandelt werden. In Moskau ist Michail Gorbatschow sich wohl bewußt geworden, daß jede Umwälzung im nahen Orient eine beachtliche Resonanz innerhalb des eigenen Imperiums weckt. Der Kreml muß mehr und mehr Rücksicht nehmen auf die muslimischen Teilrepubliken im Süden, seit die Grenze offen ist zwischen der iranischen Provinz Aserbeidschan und der Sowjetrepublik gleichen Namens.

Der Mythos Saddam Husseins wird in der Phantasie der orientalischen Massen fortleben. Die amerikanischen Strategen mögen vielleicht an jene Mahnung denken, die einst ein karthagischer Unterführer an den siegreichen Feldherrn Hannibal richtete, als dieser sich weigerte, unmittelbar auf Rom zu marschieren: »Vincere scis, Hannibal, victoria uti nescis« – Du verstehst zu siegen, Hannibal, aber nicht, deinen Sieg zu nutzen! Nur ein Tor kann von der Annahme ausgehen, daß die blitzartige Zerschlagung der irakischen Armee den zahllosen Krisen- und Konflikterscheinungen der islamischen Welt Einhalt geboten habe. Die ärgste Gefahr – die hemmungslose nukleare Proliferation – ist zunächst abgewendet. Doch wer weiß, wo der nächste Trommler aufsteht, der, wie der französische Generalresident Lyautey sagte, die gesamte Landbrücke zwischen Atlas und Hindukusch in fieberhafte Erregung versetzt.

Linke Seite: *Brennende Ölquelle in Kuweit: Die Iraker hinterließen ein Inferno.*

Folgende Seite: *Am 14. März 1991 kehrt der Emir von Kuweit in sein Land zurück.*

Zeittafel

um 1700 v. Chr.	Laut jüdischer Mythologie hat zu dieser Zeit Abraham, der Stammvater der Semiten, gelebt.
um 1220 v. Chr.	Beginn der Rückwanderung von Gruppen der späteren Josephsstämme unter Moses und Aaron aus Ägypten.
um 1000 v. Chr.	König David vom Stamme Juda gründet das erste hebräische Reich.
um 960 v. Chr.	Bau des Tempels in Jerusalem unter König Salomo.
930–908 v. Chr.	Nach Salomos Tod zerfällt das Reich in das Nordreich Israel und das südliche Reich Judäa.
734 v. Chr.	Der assyrische König Tiglatpilesar II. erobert Gaza.
732 v. Chr.	Damaskus wird von den Assyrern erobert.
729 v. Chr.	Babylonien wird assyrische Provinz.
722 v. Chr.	Die Assyrer erobern das nördliche Reich Israel.
689 v. Chr.	Babylon wird von den Assyrern zerstört. Neue Hauptstadt wird Ninive.
587 v. Chr.	König Nebukadnezar erobert Jerusalem und zerstört den Tempel Salomos. Beginn der »Babylonischen Gefangenschaft« (bis 539 v.Chr.)
586 v. Chr.	Die Assyrer erobern das südliche Reich Judäa.
559–529 v. Chr.	König Kyros (Darius) regiert das persische Reich. Er erlaubt den Juden die Rückkehr nach Judäa.
517 v. Chr.	Bau des 2. Tempels in Jerusalem
167 v. Chr.	Der Ptolemäer Antiochos IV. bemächtigt sich der Tempelschätze von Jerusalem und verbietet den jüdischen Kult. Es kommt zum Makkabäeraufstand.
63 v. Chr.	Gnaeus Pompeius gliedert den Hasmonäerstaat dem römischen Reich ein. Judäa wird römische Provinz.

0	Geburt Jesu Christi.
66	Jüdischer Aufstand in Jerusalem.
70	Zerstörung des Tempels durch die Römer.
73/74	Mit dem Fall der Festung Massada geht der jüdische Aufstand zu Ende.
132–135	2. jüdischer Aufstand unter Simon Bar Kochba. Die meisten Juden werden des Landes verwiesen.
211	Die Sassaniden erringen die Macht in Persien.
325	Kaiser Konstantin erklärt das Christentum zur Staatsreligion. Konstantinopel wird Hauptstadt des Reiches.
um 570	Mohammed aus der Familie der Koraisch wird in Mekka geboren.
610	Nach islamischer Überlieferung Beginn der Offenbarungen durch den Erzengel Gabriel.
622	Mohammed flieht aus Mekka nach der Oase Yathrib (Medina). Diese »Hidschra« ist der Beginn der islamischen Zeitrechnung.
627	Mohammeds Gegner aus Mekka belagern Medina erfolglos. Mohammed vertreibt die jüdischen Stämme aus Medina und gewinnt mehrere Beduinenstämme für den Kampf gegen Mekka.
630	Mohammed und seine Anhänger ziehen kampflos in Mekka ein und reinigen die Kaaba von Götzenbildern.
632	Mohammed stirbt in Medina.
632–634	Abu Bakr, Schwiegervater Mohammeds, wird erster »Kalif«, Statthalter Allahs auf Erden.
634–644	2. Kalif: Omar I. Muslime erobern die gesamte arabische Halbinsel, Syrien (Damaskus 635), Palästina (Jerusalem 638), Teile von Ägypten und Libyen. Omar trägt als 1. Kalif den Titel »Herrscher der Gläubigen« (»Amir al-Muminin«).
636/637	Untergang des Sassaniden-Reiches in Persien nach der Schlacht von Quadisija.

644–656	3. Kalif: Othman, ein Schwiegersohn Mohammeds. In dieser Zeit entsteht die heute verbindliche Fassung des Koran.
656–661	4. Kalif: Ali (Ehemann von Mohammeds Tochter Fatima). Moawija, der Gouverneur von Syrien, erkennt Ali nicht als Kalif an. Beginn der Omayaden-Dynastie in Damaskus (bis 750).
657	Nach der Schlacht bei Siffin am mittleren Euphrat zwischen Ali und den Truppen Moawijas spalten sich Alis Anhänger in die Schiat Ali (Partei Alis) und die Kharidschiten (Sezessionisten). Ein Schiedsgericht setzt Ali als Kalif ab.
661	Ali wird von einem Kharidschiten ermordet. Er gilt jedoch bei den Schiiten als einziger rechtmäßiger Statthalter des Propheten. Moawija nimmt den Titel eines »Imam« an.
680	In der Schlacht von Kerbela werden die Anhänger Alis, die Schiiten, von den Sunniten unter dem Kalifen Yazid geschlagen. Alis Sohn Hussein fällt im Kampf. Das Martyrium Husseins wird zum großen jährlichen Leidensfest der schiitischen Gemeinschaft.
707–715	Ausdehnung des Islams über Nordafrika bis nach Spanien unter der Herrschaft des Omayaden Walid I.
732	Karl Martell besiegt bei Tours und Poitiers arabische Heerscharen.
	Gründung der Universität Zaituna in Tunis.
750	Vertreibung der Omayaden-Dynastie aus Syrien. Die Kalifen-Dynastie der Abbassiden (bis 1258) verlegt die Hauptstadt von Damaskus nach Bagdad. Der Omayade Abd-al-Rahman flieht und gründet das Emirat von Cordoba.
751	China verliert in der Schlacht von Samarkand seine Herrschaft über Teile Westasiens an die Araber.
786–804	Herrschaft des großen Kalifen Harun-ar-Raschid in Bagdad.

800	Karl I. (der Große) wird in Rom von Papst Leo III. zum Kaiser gekrönt.
849	Truppen von Papst Leo IV. besiegen bei Ostia einfallende arabische Heerscharen.
873	Der 12. Imam, genannt Mehdi, aus der Gruppe der sogenannten »Zwölfer-Schiiten«, geht in Samarra in die Verborgenheit ein.
909	Das schiitische Fürstengeschlecht der Fatimiden tritt die Herrschaft in Nordafrika an (bis 1711).
962	Otto I. wird von Papst Johannes XII. zum Kaiser des »Heiligen Römischen Reiches« gekrönt.
969	Die Fatimiden erobern Ägypten, gründen Kairo (973) und die Universität El Aqsar (983).
996–1021	Kalif Al Hakim bi Amrillah herrscht in Kairo. Er läßt die Grabeskirche von Jerusalem zerstören und löst damit die Kreuzzüge aus. Aus der Verehrung für Al Hakim entsteht die Sekte der Drusen.
1056	Türkische Seldschuken erobern Bagdad, Jerusalem und Damaskus.
1062	Die Almoraviden (puristisch orthodoxe Richtung des Islam), aus der Sahara kommend, gründen Marrakesch.
1083	Die Spanier erobern Madrid von den Mauren zurück.
1086	Die Almoraviden landen in Spanien, um die Araber im Kampf gegen die Christen zu unterstützen.
1095	Papst Urban II. ruft zum ersten Kreuzzug auf.
1099	Die Eroberung Jerusalems durch Gottfried von Bouillon.
1147	Die Almohaden (Berber aus dem Atlas) übernehmen die Macht in Marokko.
1156	Rum-Seldschuken errichten das erste Türkenreich mit der Hauptstadt Konya (bis 1236).
1171	Der Kurde Salah-ud-Din (Saladin) besiegt die Fatimiden. Das sunnitische Glaubensbekenntnis

wird Staatsreligion. Saladin gründet die Dynastie der Aijjubiden.

1187	Saladin schlägt die Kreuzfahrer bei Hittin und erobert Jerusalem.
1190	Kaiser Friedrich I. (Barbarossa) stirbt während des 3. Kreuzzuges in Kleinasien.
1215	Dschinghis Khan erobert Peking.
1229	Kaiser Friedrich II. wird im 5. Kreuzzug König von Jerusalem.
1248	Die Spanier erobern Sevilla von den Arabern zurück.
	Beginn des Baus der Alhambra.
1252	Die Mameluken, frühere Leibeigene, meist aus dem Kaukasus, übernehmen unter Ajbak, der die Witwe des letzten Aijjubiden-Sultans heiratet, die Macht in Ägypten und Syrien.
1258	Die Mongolen erobern unter Hülagü, einem Enkel Dschinghis Khans, Bagdad und beenden das dortige Kalifat der Abbassiden.
1259–1294	Kublai Khan regiert von China aus das Mongolenreich.
1291	Der Mameluk Baibars I. erobert die Kreuzfahrerburgen von Tripoli und Akko. Ende der Kreuzzüge.
1299–1326	Osman I. herrscht über die Türkei. Er nimmt 1300 den Titel »Sultan« an.
1354	Die Türken überschreiten den Bosporus und fallen in Serbien und Bulgarien ein. Gründung der »Janitscharen«, einer Elitetruppe aus meist christlichen Waisen.
1370–1405	Tamerlan herrscht über die Mongolen. Hauptstadt seines Reiches ist Samarkand. Tamerlan, zum Islam bekehrt, führt 35 Feldzüge und verwüstet den Orient.
1389	Schlacht auf dem Amselfeld (Kosovo). Die Türken besiegen die vereinigten Serbenfürsten.

1453	Mehmet II. erobert Konstantinopel. Ende des oströmischen Reiches und Beginn der Neuzeit.
1492	Die katholischen Könige Ferdinand von Aragon und Isabella von Kastilien erobern die Festung Granada und befreien ganz Spanien von den Mauren.
	Entdeckung Amerikas durch Kolumbus.
1502	Herrschaft der Safawiden in Persien (bis 1736). Der schiitische Glaube wird Staatsreligion.
1517	Palästina wird Provinz des Osmanischen Reiches. Die türkischen Sultane nehmen jetzt den Titel »Kalif« an.
1529	Suleiman der Prächtige belagert mit seinem Türkenheer zum ersten Mal Wien.
1533–1584	Zar Iwan IV. (der Schreckliche) besiegt die Tataren in der Schlacht von Kazan (1552).
1534	Der Irak wird osmanische Provinz.
1590	Nordafrika mit Ausnahme Marokkos wird Teil des Osmanischen Reiches.
1603	Aserbeidschan wird persisch.
1628	Schah Dschahan wird Großmogul in Indien. Bau des Tadsch Mahal.
1644	Beginn der Herrschaft der Dynastie der Alewiten in Marokko.
1683	Die Türken belagern Wien. Beginn des großen Türkenkrieges.
1745	Mohammed Ibn Abdul Wahab gründet die Sekte der Wahabiten (streng puritanische Reformbewegung des Islam) gemäß der hanefitischen Rechtsschule.
1757	Die Chinesen besetzen das von Turkvölkern besiedelte Sinkiang wieder.
1768–1774	Krieg zwischen Rußland und der Türkei. Nach der Vernichtung der türkischen Flotte bei Chios (1770) erobert Rußland die nördliche Schwarzmeerküste.

1794–1925	Die türkische Dynastie der Khadscharen herrscht über Persien.
1798	Napoleon landet in Ägypten und besiegt die Mameluken. Nachdem die französische Flotte bei Aboukir von den Engländern versenkt wird, tritt Napoleon den Rückzug an.
1829	Griechenland wird unter König Otto von Bayern ein von der Türkei unabhängiges Königreich.
1830	Die Franzosen landen in Algerien. Das Land wird französisches Protektorat.
1853–1856	Krimkrieg zwischen Rußland auf der einen, der Türkei, Frankreich und England auf der anderen Seite. Das Schwarze Meer wird im Pariser Frieden für neutral erklärt, die Dardanellen werden für russische Kriegsschiffe gesperrt.
1869	Eröffnung des Suezkanals unter dem Khediven Ismael, des Nachfolgers von Mehmet Ali, des Gründers einer modernen ägyptischen Monarchie.
1876	Die »Jungtürken« erzwingen die Einführung einer Verfassung: Der Islam wird als Staatsreligion anerkannt, andere Religionen werden geduldet, das Zweikammersystem wird eingeführt.
1878	Die Briten besetzen Ägypten, erklären es aber erst zu Beginn des Ersten Weltkrieges zu ihrem Protektorat (bis 1922).
1880	Nach zwei Afghanistankriegen (1838–1842 und 1878–1881) versucht Großbritannien trotz seiner Niederlagen, seine Interessen an diesem Gebiet gegenüber Rußland durchzusetzen.
1881	Tunesien wird französisches Protektorat.
1896	Theodor Herzl schreibt den »Judenstaat«.
1899	Kuweit wird britisches Protektorat.
1901	Erste Ölbohrungen in Persien.
1902	Abd-el-Asis Ibn Saud erobert Riad und legt den Grundstein für das moderne Königreich Saudi-Arabien.

	Ruhollah Khomeini wird in Zentralpersien geboren.
1903	Beginn des Baus der Bagdad-Bahn durch das wilhelminische Reich (wichtigste Landverbindung zwischen Europa und dem Persischen Golf).
1904	Entente Cordiale: Großbritannien bestätigt die französische Schutzherrschaft über Marokko, Frankreich verzichtet auf den Einfluß in Ägypten und erkennt den spanischen Machtbereich in Nordafrika an.
1908	Gründung von Tel Aviv.
	Revolution der »Jungtürken«.
1911	Italien besetzt die libysche Küste und führt bis 1912 einen Krieg gegen die Senussi, eine streng religiöse Gemeinschaft, die dem türkischen Sultan untersteht.
1912	Marokko verliert durch den Protektoratsvertrag von Fes seine Souveränität an Frankreich.
	Spanien besetzt Teile von Marokko, das in eine spanische, eine französische und eine internationale Zone aufgeteilt wird.
1914–1918	Der Erste Weltkrieg.
1916	Im Sykes-Picot-Abkommen teilen Großbritannien und Frankreich ihre Interessensphären im Nahen Osten auf: Syrien soll französisch, Mesopotamien englisch und Palästina international verwaltet werden.
1917	Lawrence of Arabia unterstützt die Araber im Kampf gegen das Osmanische Reich.
	Britische Truppen marschieren in Palästina ein.
	Balfour-Deklaration: Zusicherung der britischen Regierung, die Schaffung einer nationalen Heimstätte für das jüdische Volk in Palästina zu unterstützen.
1918	Der türkische Sultan Mehmet VI. willigt in den Waffenstillstand von Mudros ein. Ende des Osmanischen Reiches.

König Feisal aus der Dynastie der Haschemiten rückt in Damaskus ein.

1920   Konferenz von San Remo: Frankreich erhält das Mandat über Syrien und den Libanon, Großbritannien über Mesopotamien und der Völkerbund über Palästina (er übergibt sein Mandat an Großbritannien).

König Feisal wird von den Franzosen aus Damaskus vertrieben.

Lenin beruft in Baku die Konferenz der unterdrückten Kolonialvölker ein.

1921   Die Engländer setzen König Feisal als König des Irak ein, sein jüngerer Bruder Abdallah wird Emir des neugebildeten Staats Transjordanien.

Der Kosakenkommandeur Reza Khan wird nach einem Staatsstreich in Persien zum Ministerpräsidenten ernannt.

1922   Unter König Fuad aus der Dynastie Mehmet Alis wird Ägypten konstitutionelle Monarchie.

Kuweit, seit Beginn des Jahrhunderts unter britischem Einfluß, wird vom Irak abgetrennt, bleibt aber bis zu seiner Unabhängigkeit (1961) weiter unter britischem Einfluß.

1922   Der Völkerbund billigt die Mandate im Nahen Osten (24.7.1922). Auflage für das Palästina-Mandat ist die Erfüllung der Balfour-Deklaration.

1923   Mustafa Kemal Atatürk ruft in der Türkei die Republik aus.

1925   Reza Khan ruft sich im Iran zum Schah aus.

1926   Ibn Saud stürzt den Scherifen Hussein von Mekka, vertreibt die Haschemiten aus dem Land und proklamiert sich zum König des Hedschas.

Der Libanon gibt sich eine Verfassung, bleibt aber unter französischem Mandat.

1930   Der Irak wird durch das anglo-irakische Bündnisabkommen unabhängig (30.6.1930), bleibt aber militärisch und außenpolitisch an Großbritannien gebunden.

1936	Schah Reza Khan befiehlt im Iran die Abschaffung des Schleiers.
1939	Libyen wird italienische Provinz.
1939–1945	Der Zweite Weltkrieg.
1940–1943	Libyen ist Schauplatz der Schlachten zwischen den Truppen des Afrikakorps unter General Rommel, der bis El Alamein vordringt, und den Alliierten. Alliierte Truppen landen in Marokko und Algerien.
1941	Alliierte Truppen besetzen den Iran und zwingen Schah Reza I. zur Abdankung zugunsten seines Sohnes.

27.9.: General Georges Catroux proklamiert die nominale Unabhängigkeit der Republik Syrien.

21.11.: Proklamation der nominalen Unabhängigkeit des Libanon.

1943	Gründung der arabischen und sozialistischen Baath-Partei (Partei der Wiedergeburt) in Syrien.
1945	Die britische Mandatsmacht widersetzt sich der jüdischen Einwanderung nach Palästina. Die Juden organisieren eine Miliz, die »Hagannah«. Die Untergrundorganisationen »Irgun« unter Menachem Begin und »Stern« unter Jitzchak Schamir verüben Terroranschläge.

Ägypten, Irak, Jemen, Libanon, Saudi-Arabien, Syrien und Transjordanien gründen in Kairo die Arabische Liga (22.3.).

1946	Mit dem Abzug der letzten französischen Truppen erlangt der Libanon die volle Souveränität (31.12.).
1947	Die UNO empfiehlt die Teilung Palästinas (29.11.). Am gleichen Tag beginnen heftige Kämpfe zwischen Juden und Arabern.

Der vom britischen Vizekönig in Indien, Lord Mountbatten, vorgelegte Plan zur Teilung Indiens wird von der Moslemliga und vom Nationalkongreß gebilligt. Pakistan wird unter Mohammed Ali Jinnah islamische Republik.

| 1948 | David Ben Gurion proklamiert im Namen des jüdischen Nationalrates den souveränen Staat Israel (14.5.). |

Erster Israel-Konflikt: Israel gewinnt im Norden das restliche Galiläa, die Neustadt von Jerusalem sowie die Negev-Wüste hinzu.

| 1950 | Israel erklärt Jerusalem zur Hauptstadt des Landes. |

Jordanien annektiert die seit 1948 besetzten Gebiete auf dem Westufer des Jordan.

| 1951 | Libyen wird unter König Idris I. unabhängig. |

König Abdallah von Jordanien wird in Jerusalem von einem Palästinenser ermordet. Nachfolger wird sein Sohn Talal, dem sein Enkel Hussein folgt.

Die Regierung Mossadegh beschließt im Iran die Verstaatlichung der von Großbritannien beherrschten anglo-iranischen Ölindustrie.

| 1952 | »Freie Offiziere«, unter ihnen Gamal Abd el Nasser, setzen König Faruk I. von Ägypten ab und rufen 1953 die Republik aus. |

| 1953 | Die Regierung Mossadegh vertreibt Schah Reza II. (16.8.). Er geht nach Rom ins Exil (3 Tage). CIA und Armee putschen, der Schah kehrt in den Iran zurück. |

Die Franzosen verbannen Sultan Mohammed V. aus Marokko.

| 1954 | In Algerien bricht offener Widerstand gegen die Franzosen aus. Der Bürgerkrieg dauert bis 1962. |

| 1956 | Der ägyptische Präsident Gamal Abd el Nasser verstaatlicht den Suezkanal. Es kommt zum Suezkrieg (29.10.–6.11.). |

Frankreich erkennt die Unabhängigkeit Tunesiens an.

	Marokko wird unabhängig und unter Mohammed V. zum Königreich.
1957	Eisenhower-Doktrin (5.1.): Die USA erklären ihre Bereitschaft, den Ländern des Nahen Ostens auf deren Anforderung hin wirtschaftliche und militärische Hilfe gegen das Vordringen der Sowjetunion oder des sowjetischen Einflusses zu gewähren.
	In Tunesien wird die Dynastie der Husseiniden gestürzt und die Republik ausgerufen. Habib Burgiba wird zum Staatspräsidenten auf Lebenszeit gewählt.
1958	Staatsstreich der irakischen Armee unter General Kassem. König Feisal II. wird ermordet, der Irak als Republik proklamiert.
	US-Marines landen in Beirut.
	Ägypten und Syrien schließen sich zur »Vereinten Arabischen Republik« zusammen.
1960	Gründung der OPEC durch die Erdölförderländer.
1961	Kuweit erlangt die volle Unabhängigkeit, Scheich Abdullah al Salim al Sabah nimmt den Titel »Emir« an.
	Beginn des Kurdenaufstandes im Nord-Irak.
1962	Algerien wird unabhängig. Die sozialistische FLN (Front de Libération Nationale) wird zur Einheitspartei. Ministerpräsident und ab 1963 Staatspräsident wird Ahmed Ben Bella (bis 1965).
1963	Nach einem Militärputsch kommt in Syrien die Baath-Partei an die Macht (8.3.).
	Im Irak wird bei einem Militärputsch General Kassem erschossen. Oberst Aref wird Staatschef. Die Baath-Partei übernimmt die Führungsrolle.
	»Weiße Revolution« des Schah im Iran.
1964	Feisal wird König von Saudi-Arabien.
	Auf Initiative des ägyptischen Präsidenten Nasser

wird die PLO (Palästinensische Befreiungsorganisation) gegründet.

1965 Staatsstreich des Verteidigungsministers Houari Boumedienne in Algerien (19.6.).

Zwischen Pakistan und Indien kommt es zum Konflikt um das moslemische Kaschmir.

1967 Schah Reza II. Pahlewi läßt sich zum Kaiser des Iran krönen.

5.6.–10.6.: Im Sechs-Tage-Krieg werden der Sinai, das Westjordanland, die Altstadt von Jerusalem und die Golanhöhen von den Israeli besetzt.

Die Briten ziehen ihre Truppen aus Aden ab. Die Nationale Befreiungsfront proklamiert die Volksrepublik Südjemen.

1968 Ein Staatsstreich des radikalen Flügels der Baath-Partei im Irak bringt General Al Bakr an die Macht. Heimliche Machtergreifung Saddam Husseins (1972 wird ein Freundschaftsvertrag mit der Sowjetunion geschlossen).

1969 Oberst Muammar el Qadhafi wird nach einem Militärputsch in Libyen Staatschef. 1976 erklärt er das Land zur »Sozialistischen Arabischen Volksrepublik«.

1970 Anwar-es-Sadat wird nach dem Tod Nassers ägyptischer Präsident.

»Schwarzer September« in Jordanien. König Hussein zerschlägt die Macht der palästinensischen Fedayin, die ihr Schwergewicht in den Libanon verlagern.

1971 Nach einem Militärputsch in Syrien wird Hafez el Assad Staatspräsident.

Schah Reza Pahlewi feiert in Persepolis das 2500jährige Bestehen des persischen Reiches.

Abu Dhabi und fünf andere Emirate werden aus der britischen Oberhoheit entlassen und bilden eine Föderation unter dem Namen »Vereinigte Arabische Emirate«.

Durch den Wahlsieg der Partei von Scheich Mujib ur-Rahman kommt es in Pakistan zu einer innenpolitischen Krise. Eine militärische Intervention Indiens beendet den Bürgerkrieg in Ost-Pakistan. Die unabhängige Volksrepublik Bangladesch wird ausgerufen.

1972   Palästinenser verüben einen Anschlag auf die israelische Nationalmannschaft während der Olympischen Spiele in München.

1973   Ägyptische Truppen durchbrechen die Bar-Lev-Linie am Suezkanal. Beginn des Jom-Kippur-Krieges (6.10.–26.10.).

1975   König Feisal von Saudi-Arabien wird von einem seiner Neffen ermordet. Nachfolger wird sein Bruder Khalid.

Konferenz von Algier: Iran und Irak einigen sich darauf, daß die Grenze zwischen beiden Ländern in der Mitte des Schatt-el-Arab verläuft.

Beginn des Bürgerkrieges im Libanon.

»Grüner Marsch« in Marokko zur Befreiung der spanischen Sahara.

1976   Ägypten widerruft den Freundschaftsvertrag mit der Sowjetunion.

1977   Präsident Anwar-es-Sadat reist nach Jerusalem und hält eine Rede vor der Knesset.

1978   Ayatollah Khomeini bildet in Paris die iranisch-islamische Nationalbewegung. Ziel: Errichtung einer »Islamischen Republik«.

Israelische Invasion in den Südlibanon, der Hauptorganisationsgebiet der palästinensischen Fedayin ist.

1979   Schah Reza Pahlewi verläßt den Iran und geht ins Exil (16.1.). Der Schah stirbt am 27. Juli 1980 in Kairo.

Ayatollah Khomeini kehrt nach Teheran zurück (1.2.) und proklamiert nach einer Volksabstimmung die Islamische Republik (1.4.).

1979	Anwar-es-Sadat, Menachem Begin und Jimmy Carter unterzeichnen in Camp David ein Friedensabkommen zwischen Israel und Ägypten (26.3.).
	Der irakische Präsident Al Bakr tritt zugunsten von Ministerpräsident Saddam Hussein zurück (16.7.).
	250 bewaffnete Islamisten besetzen die große Moschee von Mekka (20.11.).
	Iranische Studenten besetzen die Botschaft der USA in Teheran und nehmen 70 Geiseln (bis 21.1.1981).
	Die russische Armee marschiert in Afghanistan ein.
	Oberst Schadli Ben Dschedid wird Nachfolger Boumediennes in Algerien.
1980	Mit der irakischen Invasion in Khusistan beginnt der Krieg zwischen Iran und Irak (bis 20.8.1988).
	König Khalid von Saudi-Arabien stirbt. Nachfolger wird Fahd.
1981	Israelischer Angriff auf den irakischen Atomreaktor von Osirak.
	Präsident Anwar-es-Sadat wird in Kairo von einem Fanatiker ermordet. Nachfolger wird Hosni el Mubarak.
1982	Beginn der israelischen Invasion im Libanon (6.6.).
	Abzug der PLO aus Beirut (20.8.). Yassir Arafat verlegt das Hauptquartier nach Tunis.
	Nach der Ermordung des designierten libanesischen Präsidenten Bechir Gemayel verüben christliche Milizen Massaker in den Palästinenserlagern von Sabra und Schatila, ohne daß die israelischen Truppen eingreifen (16.9.–18.9.).
1983	Bei Anschlägen auf die amerikanische und die französische Botschaft werden in Beirut mehrere hundert Menschen getötet.

1987	Beginn des Palästinenseraufstandes (»Intifada«) im Gaza-Streifen und auf der Westbank.
1988	Teheran willigt in den Waffenstillstandsvorschlag des Sicherheitsrates der Vereinten Nationen ein (Resolution 598). Ende des Krieges zwischen Irak und Iran.
	Benazir Bhutto wird Ministerpräsidentin in Pakistan.
1989	Die russische Armee beendet ihren Abzug aus Afghanistan (Februar).
	Ayatollah Ruhollah Khomeini stirbt (3.6.). Staatsoberhaupt des Iran wird Haschemi Rafsandschani.
	Die FLN verzichtet in Algerien auf ihr Machtmonopol, Oppositionsparteien werden zugelassen.
1990	Bei den Regionalwahlen in Algerien gewinnt die islamische FIS-Partei die Mehrheit in 55 % der Stadträte und 75 % der Provinzvertretungen.
	In Kaschmir spitzen sich die Auseinandersetzungen zwischen moslemischen Demonstranten (70 % der Bevölkerung sind Moslems) und indischen Truppen zu.
	Ministerpräsidentin Benazir Bhutto wird von Staatspräsident Ghulam Khan entlassen, das Parlament wird aufgelöst.
	Im Kaukasus kommt es zum Bürgerkrieg zwischen christlichen Armeniern und moslemischen Aserbeidschanern.
	Die irakische Armee marschiert in Kuweit ein (2.8.). Staatspräsident Saddam Hussein annektiert das Scheichtum. Der UN-Sicherheitsrat verhängt ein Wirtschafts- und Handelsembargo gegen den Irak (6.8.).
	König Fahd bittet die USA um militärische Hilfe. US-Truppen landen in Saudi-Arabien.
	Während des Laubhüttenfestes kommt es zu Auseinandersetzungen zwischen demonstrierenden

Palästinensern und der israelischen Polizei. 18 Palästinenser werden getötet. Der UN-Sicherheitsrat verurteilt Israel.

1991   Die USA und der Irak einigen sich über einen Waffenstillstand. Der Irak akzeptiert alle Resolutionen.

Kuweit verspricht für die Zukunft mehr Demokratie und kündigt Parlamentswahlen an.

Im Irak kommt es zu Aufständen oppositioneller Gruppen gegen Saddam Hussein.

Im Rahmen einer zukünftigen Friedensordnung in der Golfregion fordert US-Präsident Bush Israel zum Verzicht der besetzten Gebiete auf.

Die Volksrepublik Bangladesh feiert den 20. Jahrestag des Aufstandes gegen Pakistan (26.3.).

Chronik des Golfkonflikts

2.8.1990   Irakische Truppen marschieren in Kuweit ein. Der UN-Sicherheitsrat verlangt den bedingungslosen Rückzug der Iraker (Resolution 660).

6.8.1990   Der UN-Sicherheitsrat verhängt ein Wirtschafts- und Handelsembargo gegen den Irak (Resolution 661).

8.8.1990   Saddam Hussein gibt die Annexion Kuweits bekannt und erklärt das Emirat zur 19. Irakischen Provinz. US-Präsident Bush kündigt die Entsendung von amerikanischen Truppen an den Golf an.

10.8.1990   Die Arabische Liga verurteilt mit knapper Mehrheit die Invasion. Die Entsendung eigener Truppen wird beschlossen und eine Stationierung amerikanischer Truppen gerechtfertigt.

12.8.1990   Saddam Hussein verknüpft die Golfkrise mit dem Palästinaproblem.

25.8.1990   Der UN-Weltsicherheitsrat billigt den Militäreinsatz zur Durchsetzung von Wirtschaftssanktionen gegen den Irak.

8.10.1990   Während des Laubhüttenfestes (3.10. bis 9.10.) kommt es in Jerusalem zu Auseinandersetzungen zwischen demonstrierenden Palästinensern und der israelischen Polizei. 18 Palästinenser werden getötet. Der UN-Sicherheitsrat verurteilt Israel (Resolution 672).

8.11.1990   Willy Brandt erreicht durch seinen Besuch bei Saddam Hussein die Freilassung von 198 festgehaltenen deutschen Geiseln. Am 20. November werden auch die restlichen 180 gefangengehaltenen Deutschen freigelassen. US-Präsident Bush kündigt die Entsendung weiterer 100 000 Soldaten nach Saudi-Arabien an.

29.11.1990   Die UNO fordert in ihrer letzten und härtesten Resolution den Irak ultimativ auf, seine Truppen bis zum 15. Januar 1991 aus Kuweit abzuziehen (Resolution 678). Die Mitgliedsstaaten der Anti-Irak-Allianz werden ermächtigt, »alle erforderlichen Mittel« einzusetzen, um den Aggressor aus Kuweit zu vertreiben. Zwölf der 15 Mitglieder des UN-Sicherheitsrates stimmen für die Resolution, China enthält sich, Kuba und Jemen stimmen dagegen.

30.11.1990 Saddam Hussein zeigt sich unbeeindruckt und erklärt die Resolution als »illegal und ungültig«. US-Präsident Bush unterbreitet Saddam Hussein ein Gesprächsangebot. Beide Seiten können sich jedoch nicht über einen gemeinsamen Termin einigen.

6.12.1990 Bagdad ordnet die Freilassung aller ausländischen Geiseln an. Die ersten verlassen zwei Tage später das Land.

17.12.1990 Der Besuch des irakischen Außenministers Tarik Aziz in Washington wird abgesagt.

2.1.1991 George Bush schlägt Saddam Hussein ein Außenministertreffen zwischen dem 7. und 9. Januar in Genf vor.

3.1.1991 Im Rahmen der NATO entsendet die deutsche Luftwaffe 18 Kampfflugzeuge an die türkisch-irakische Grenze.

4.1.1991 Der Irak stimmt dem Treffen zu. Eine Einladung der EG-Außenminister zu einem Treffen am 10. Januar in Luxemburg wird von Bagdad nicht angenommen.

9.1.1991 Die Verhandlungen in Genf zwischen dem irakischen Außenminister Tarik Aziz und seinem amerikanischen Kollegen James Baker scheitern nach einem mehrstündigen Gespräch.

12.1.1991 Der amerikanische Kongreß billigt einen Krieg gegen den Irak nach Ablauf des Ultimatums.

13.1.1991 UNO-Generalsekretär Peres de Cuellar reist nach Bagdad, doch sein Vermittlungsversuch scheitert.

14.1.1991 Einen Tag vor dem Ultimatum ruft das irakische Parlament alle Araber zum »Heiligen Krieg« auf. Am 15. Januar um 0.00 Uhr New Yorker Zeit (8.00 Uhr Bagdad, 6.00 Uhr MEZ) läuft das Ultimatum ab.

17.1.1991 Die alliierten Truppen greifen unter der Leitung der

Amerikaner mit massiven Lufteinsätzen den Irak und das besetzte Kuwait an. Erste Meldungen sprechen von einer 80prozentigen Trefferquote.

18.1.1991   Der Irak startet seine ersten Angriffe mit Scud-Raketen auf Israel und Saudi-Arabien. Erste Presse-Spekulationen gehen von einer Kriegsdauer von drei bis zehn Tagen aus.

19.1.1991   Nach einem neuerlichen Raketenangriff auf Tel Aviv droht Israel mit einem Gegenschlag. Unterdessen setzen die Alliierten ihre massiven Bombardements gegen den Irak fort. Erstmals kommen Marschflugkörper zum Einsatz.

20.1.1991   Zur Abwehr weiterer Scud-Angriffe stationieren die Amerikaner Luftabwehrraketen des Typs Patriot in Israel.

21.1.1991   Trotz bisher 8100 Luftangriffen der Alliierten zeigt sich der Irak nicht eindeutig geschwächt. Saddam Hussein ordnet die Verschleppung von Kriegsgefangenen als lebende Schutzschilde an potentielle Angriffsziele an.

22.1.1991   Der Irak beginnt damit, kuweitische Ölanlagen in Brand setzen.

23.1.1991   In Israel sterben drei Menschen durch den dritten irakischen Raketenangriff, 96 werden verletzt.

24.1.1991   Die Alliierten sprechen von bisher über 15 000 Luftangriffen gegen den Irak und das besetzte Emirat. Nachdem in den letzten Tagen skandalöse Geschäfte der deutschen Pharma- und Rüstungsindustrie mit dem Irak bekannt geworden sind, wird Außenminister Genscher in Israel ausgebuht.

25.1.1991   Weitere Scud-Raketen werden auf Israel abgefeuert. Die Amerikaner veranlassen daraufhin die Stationierung neuer Patriot-Batterien in Israel. Der Irak läßt Erdöl in den Persischen Golf fließen.

26.1.1991   US-Flugzeuge bombardieren eine Öl-Verladestation in Kuwait, um das Ausfließen weiterer Öls in den Persischen Golf zu verhindern. Der Ölteppich bedeckt inzwischen eine Fläche von über 800 qkm und bedroht das Trinkwasser Saudi-Arabiens.

27.1.1991	Etwa 70 irakische Kampfflugzeuge landen in Teheran. Über den Grund kann zu diesem Zeitpunkt nur spekuliert werden. Die Alliierten melden bisher 22 000 Luftangriffe gegen den Irak, 25 Scud-Raketenangriffe des Irak gegen Israel und 25 gegen Saudi-Arabien. Bisherige Opfer: vier getötete israelische Zivilisten, 204 Verletzte. 27 alliierte Luftwaffenangehörige werden vermißt.
29.1.1991	Die Bundesregierung erhöht ihren Finanzbeitrag zum Golfkrieg auf 17 Milliarden Mark.
30.1.1991	Ein irakischer Angriff auf die saudiarabische Grenzstadt Chafij führt zu ersten größeren Bodengefechten bis zur Rückeroberung.
3.2.1991	Im saudiarabischen Riad schlägt eine Scud-Rakete ein und fordert 29 Verletzte. Die Alliierten melden: 167 abgeschossene irakische Flugzeuge, 22 auf der eigenen Seite. Der Irak spricht dagegen von 264 abgeschossenen alliierten Flugzeugen. Inzwischen treiben drei Ölteppiche auf die Küsten Saudi-Arabiens und Bahrains zu.
6.2.1991	Die schweren Bombardements der Alliierten werden fortgesetzt. Fast 50 000 Luftangriffe sind bis zu diesem Zeitpunkt geflogen worden.
8.2.1991	Der Beginn der Bodenoffensive wird geplant. Zur Lagebesprechung treffen in Saudi-Arabien der amerikanische Verteidigungsminister Cheney und Generalstabschef Powell ein.
9.2.1991	Bei einem weiteren Scud-Raketenangriff auf Tel Aviv werden 29 Israelis verletzt.
10.2.1991	Nach alliierten Angaben sollen 25 Prozent des irakischen Militärpotentials in Kuweit und im Süd-Irak vernichtet worden sein. Saudische Piloten werfen vierzehn Millionen Flugblätter, die zur Desertion aufrufen, über dem Irak und Kuweit ab. Etwa 1300 irakische Soldaten sollen bis zu diesem Zeitpunkt desertiert sein.
12.2.1991	Wieder feuert der Irak Scud-Raketen auf Israel und Saudi-Arabien ab, die aber nur Sachschaden hinterlassen. Iran warnt Israel vor Vergeltungsmaßnah-

men. Im Falle eines Gegenschlages könne Teheran nicht länger neutral bleiben.

13.2.1991 Bei einem gezielten Bombenangriff auf einen Luftschutzbunker in Bagdad sterben mehrere hundert Zivilisten. Die Alliierten rechtfertigen den Angriff, indem sie behaupten, der Bunker sei als militärische Kommandozentrale genutzt worden.

15.2.1991 In einer Erklärung des Revolutionsrates wird zum ersten Mal die Möglichkeit eines Rückzuges aus Kuweit angesprochen. US-Präsident Bush weist das mit einigen Bedingungen (z.B. Rückzug Israels aus den besetzten Gebieten) verknüpfte Angebot Saddam Husseins als unannehmbar zurück.

17.2.1991 Abermals ist Israel das Ziel irakischer Raketenangriffe. Insgesamt sind seit Kriegsausbruch 67 Scud-Raketen auf Israel und Saudi-Arabien abgefeuert worden. Außenminister Aziz fliegt zu Gesprächen nach Moskau.

18.2.1991 Michail Gorbatschow startet eine Friedensinitiative und übergibt dem irakischen Außenminister einen »Plan zur Lösung des Konflikts mit politischen Mitteln«. Die Zahl der Einsätze alliierter Kampfflugzeuge beträgt inzwischen 80 000.

19.2.1991 US-Präsident Bush hält den Moskauer Friedensplan für nicht ausreichend.

21.2.1991 Saddam Hussein kündigt an, den Krieg fortzusetzen. Unterdessen stoßen erste alliierte Truppen auf kuweitischen Boden vor.

22.2.1991 US-Präsident Bush stellt Saddam Hussein ein Ultimatum: Bis zum 23. Februar, 12.00 Uhr New Yorker Zeit, habe der Irak mit dem »sofortigen und bedingungslosen Rückzug aus Kuweit zu beginnen«. Unterdessen setzen irakische Soldaten weitere kuweitische Ölquellen in Brand und beginnen offenbar mit der Exekution kuweitischer Zivilisten. Aus Moskau ist zu hören, der Irak sei zum Rückzug bereit.

24.2.1991 Nachdem der Irak das Ultimatum verstreichen ließ, befiehlt George Bush den Beginn der Bodenoffensive. Es wird eine völlige Nachrichtensperre verhängt.

Nach zehn Stunden spricht der Oberkommandierende General Schwarzkopf von einem »dramatischen Erfolg«. Offenbar stoßen die alliierten Truppen kaum auf Gegenwehr.

25.2.1991 Bei nach wie vor schwachem Widerstand der irakischen Verbände machen die alliierten Bodentruppen gute Fortschritte. Die Alliierten zählen bereits 18 000 irakische Kriegsgefangene. Der Irak spricht dagegen von schweren Kämpfen mit hohen alliierten Verlusten. Unterdessen wird gemeldet, daß sich über 500 Ölquellen in Brand befinden. Saddam Hussein kündigt in einer Radioansprache den bedingungslosen Rückzug aus Kuweit an. Durch einen Scud-Raketenangriff auf Dharan sterben 27 US-Soldaten.

26.2.1991 In der Nacht hatte Saddam Hussein den sofortigen Rückzug aus dem Emirat angeordnet, und nach eigenen Angaben sei Kuweit-Stadt bereits geräumt. Dennoch setzen die Alliierten den Krieg unvermindert fort. Sie fordern die bedingungslose Kapitulation des Irak und die Anerkennung der zwölf UN-Resolutionen durch den Irak.
George Bush: »Er (Saddam Hussein) zieht sich nicht zurück, seine Streitkräfte werden zum Rückzug gezwungen. Er versucht, den Rest der Macht zu retten.«

27.2.1991 Kuweitische Truppen marschieren in Kuweit-Stadt ein. Die südirakische Stadt Basra wird weiter schwer bombardiert, irakische Nachschublinien abgeschnitten. Die Republikanischen Garden, eine irakische Eliteeinheit, ist im Süden Iraks eingekesselt. Bagdad erklärt sich im Falle einer Feuerpause zur Annahme der UN-Resolutionen bereit. Vom UN-Sicherheitsrat wird Bagdad aufgefordert, die Annahme der Resolution öffentlich zu verkünden. Am Abend verkündet Präsident Bush die Befreiung Kuweits und eine Feuerpause von 6 Uhr MEZ an. Gleichzeitig wird dem Irak unter Bedingungen ein förmlicher Waffenstillstand angeboten. Der Irak kapituliert und akzeptiert bedingungslos die Annahme aller zwölf Resolutionen des UN-Sicherheitsrats.

28.2.1991 Am Morgen stellen die Alliierten das Feuer ein. Damit schweigen erstmals seit dem 17. Januar die Waffen. Nach 106 000 Lufteinsätzen und einer massiven Bodenoffensive haben die alliierten Truppen ihr Ziel erreicht. Erste Schätzungen gehen von 85 000 bis 100 000 im Krieg getöteten Irakern aus. Französische Militärexperten glauben gar an 150 000 Opfer. Die Alliierten beziffern ihre Verluste auf 126 Soldaten. 3000 der 4200 irakischen Panzer sollen zerstört, 40 der 42 irakischen Divisionen »zerschlagen« worden sein. Über 80 000 Iraker wurden in Kriegsgefangenschaft genommen. Die Schäden bei der Zerstörung Kuweits werden mit weit über 100 Milliarden Dollar beziffert.

Sachregister

243

Personenregister